진실 탐정이 되자
알쏭달쏭 복잡한 세상에서 진실을 알아보는 법

초판 1쇄 발행 2025년 3월 25일

지은이 팀 하포드 | 그린이 올리 만 | 옮긴이 정아영 | 편집 김민영
펴낸이 임경훈 | 펴낸곳 롤러코스터 | 출판등록 제2019-000296호
주소 경기도 고양시 덕양구 으뜸로 110, 102-608
전화 070-7768-6066 | 팩스 02-6499-6067 | 이메일 book@rcoaster.com
제작 357제작소

ISBN 979-11-91311-62-4 43300

알쏭달쏭 복잡한 세상에서
진실을 알아보는 법

팀 하포드 지음 | **올리 만** 그림
정아영 옮김

차례

2부
진실 탐정의 기술

3부
어려운 문제를 해결하는 방법

시작. 일단 장비부터 갖춰야겠지?

이 책은 세상을 좀 더 명료하게 생각하는 방법을 소개하는 책이야. 이 책을 선택한 사람이라면 이미 명료하게 생각할 줄 아는 사람이라고 봐. 하지만 이 책의 도움으로 네가 더 현명한 사람이 될 수 있으면 좋겠어.

세상은 혼란스러운 곳이지. 진실인 것 같지만 진실이 아닌 일이 넘쳐나. 절대 진실일 리 없다고 생각했는데 진실로 드러나는 일도 있어.

지금부터 우리는 무엇이 진실이고 무엇이 진실이 아닌지 알아낼 거야. 그래, 탐정처럼 말이야. 살인자를 잡거나 암호를 푸는 대신 진실 탐정은 진실을 추적하지.

무슨 진실일까? 다음과 같은 일에 관한 진실이야.

 부모님이 마인크래프트가 널 범죄자의 길로 인도하는 게임이라고 말한다면 어떡할 거야?

똥 싸는 소가 미래를 볼 수 있다고?

🌀 용돈이 어느 정도 돼야 많다고 할 수 있을까?

🌀 이층 버스 옆에 서 있는 티라노사우루스와 우주에 닿을 듯 쌓여 있는 돈다발 중 어느 쪽이 더 와닿아?

🌀 누군가 춤추는 요정 사진을 보여준다면 어떤 생각이 들 것 같아?
(각각 5장, 6장, 2장, 7장, 1장에 나오는 사례야_옮긴이)

진실을 찾는 건 쉬운 일이 아니야. 아무리 똑똑한 사람이라도 속을 수 있어. 내 말이 믿기 어려울지도 모르겠어. 하지만 세계에서 제일 유명한 탐정 셜록 홈스를 탄생시킨 작가도 어처구니없는 실수를 했어.✦ 진실은 온갖 방법으로 감춰져 있어. 게다가 세상에는 무슨 수를 써서라도 진실을 감추려고 하는 진실 감추기의 비열한 대가들도 있거든.

(이 책을 읽으면 누가 그런 사람인지 알아볼 수 있어.)

히어로와 빌런

지금부터 우리는 진실 탐정계의 히어로와 빌런을 차례차례 만날 거야. 이야기책이나 영화 속 인물도 있지만, 현실 인물도 있어. 이들이 하는 말과 행동에 주목해 주면 좋겠어. 빌런을 뛰어넘으려면 당연히 그들을 주의 깊게 살펴봐야겠지? 히어로들에게는 배울 게 얼마나 많은지 몰라!

✦ 셜록 홈스는 내가 제일 좋아하는 탐정이야. 내가 처음으로 본 TV 드라마 〈셜록 홈스〉에서 홈스를 연기한 배우가 〈닥터 후〉(오랫동안 큰 인기를 끌고 있는 영국의 유명 SF 드라마_옮긴이)에서 닥터를 연기한 배우였던 까닭이 큰 듯해. 내 마음속에서 두 캐릭터가 약간 섞여버린 거지. 음, 좋은 쪽으로 말이야.

진실 탐정

다스 베이더

첫 번째로 만나볼 히어로 진실 탐정은 영화 〈스타워즈〉 시리즈에 나오는 시스의
군주 다스 베이더야. 영화 사상 가장 무서운 적인데 히어로라고 하니 이상하지?
하지만 아무리 나쁜 사람이라도 좋은 조언을 할 수 있고, 실제로 다스 베이더는
루크 스카이워커에게 좋은 조언을 해줘. "네 감정을 알아차려라." 우리가 무엇을
믿고 무엇을 믿기를 거부하는지는 종종 우리의 감정에 따라 결정돼. 이 책은 무엇이
진실인지 알아내는 데 도움이 되는 많은 기술과 아이디어를 가르쳐줄 거야. 하지만
네가 자신의 감정을 살피지 않고, 자신의 감정이 진실을 확인하는 데 영향을
미친다는 것을 알아차리지 못하면 이 기술과 아이디어는 모두 헛수고가 될 수도
있어.

다행히 진실을 찾는 과정은 재미있어. 복잡한 수학 같은 것도 필요하지 않아.
무엇보다 앞으로 소개할 **열 가지 간단한 규칙**을 익히고 나면 단서를 발견하거나
까다로운 문제를 해결하는 일을 대다수의 어른보다 훨씬 잘하게 될 거야. 이 여정을
도와줄 친구도 많아.
이 길을 우리보다 앞서 걸었던 굉장히 멋진 사람들이 있거든. 앞으로 한 명씩 만나게
될 거야.
그럼 시작해 볼까?
(1장에서 10장까지 각 장의 제목이 열 가지 기본 규칙이야_옮긴이)

나만의 탐정 의상 갖추기

영화나 책, TV 드라마에 나오는 유명한 탐정을 보면 자신만의 독특한
의상이 있어. 누가 어떤 모습인지 찾아보고 자신에게 어울리는
의상과 소품을 생각해 보자.

에르퀼 푸아로 벨기에의 탐정으로, 세련된 콧수염을 기르고 있어.
물론 콧수염이 누구에게나 다 어울리는 건 아니야. 배배 꼬는 재미가 있긴
하지. (영국 소설가 애거서 크리스티의 여러 작품에 등장하는 인물_옮긴이)

캐드펠 수도사 캐드펠은 수도사니까 수도복을 입지. 후드가 달린
(멋져) 무채색의 기다란 모직 옷이야. (그렇게 멋지진 않은 듯.) 또 머리 꼭대기를 동그랗게
밀어 대머리로 만들고 가장자리 머리만 남겨둔 헤어스타일을 하고
있어. (확실히 특이하긴 할 거야.)
(엘리스 피터스가 쓴 '캐드펠' 시리즈의 주인공_옮긴이)

그런데 **배트맨**보다 더 특이하기는 아마 어려울 거야. 배트맨은
암흑가의 범죄자들을 단죄하는 음울하고 미스터리한 히어로
탐정이야.[+] 배트맨은 망토, 복면, 유틸리티 벨트, 배터랭이라고
부르는 박쥐 모양 부메랑을 착용하고, 배트모빌을 타고 다녀.
가끔 옷 위에 팬티를 입기도 해. 배트맨은 모든 걸
다 갖췄어.

[+] 배트맨은 탐정이라기보다 슈퍼히어로가 아닌가 싶을 텐데, 둘
다야. 배트맨이 처음 등장한 것도 미국의 탐정 만화 잡지 〈디텍티브
코믹스〉였어.

물론 이 의상에서 여러 가지 요소를 섞어도 돼. 머리는 삭발하고, 배배 꼬인 콧수염을 달고, 팬티를 겉에 입는 식으로? 하지만 그러면 너무 많은 관심을 끌게 되겠지.

남들 눈에 띄지 않게 활동하고 싶은 사람들도 있을 거야.

비밀스러운 진실 탐정이

되고 싶은 거지.

베로니카 마스는 어때? 사립 탐정이지만 고등학생이야. 딱 고등학교에서 대부분의 시간을 보내는 10대처럼 보이지. (미국 드라마 〈베로니카 마스〉의 주인공_옮긴이)

펠루다는 인도 벵골의 사설탐정이야. 얼마나 유명한지 인도에서는 펠루다라고 이름 붙인 코로나19 검사 키트가 나왔을 정도야. 겉으로는 특별해 보이는 게 없어. 키가 크긴 한데, 조용해. 뛰어난 두뇌를 숨기고 평범한 얼굴을 하고 있어. (인도의 영화 거장 사티야지트 레이가 창조한 인물_옮긴이)

오톨린 브라운은 변장의 달인이야. 실제로 '당신은 누구?' 변장술 아카데미 졸업장도 가지고 있어. 보이고 싶은 모습대로 가장할 수 있는 우아하고 세련된 소녀지. 다른 탐정과 마찬가지로 오톨린도 조수가 있어. 오톨린의 조수 먼로 씨는 다른 조수들과 달리 빗자루처럼 보이긴 해. 늪지에서 온 털북숭이 인간이거든. (크리스 리들이 쓴 '오톨린' 시리즈의 주인공_옮긴이)

미스 마플은 할머니야. 빙글빙글 콧수염도 없고 배트모빌도 없어. 팬티를 겉에 입지도 않아. 많은 사람이 할머니는 특이하게 생각하지 않아. 미스 마플의 적들도 미스 마플을 과소평가하는 경향이 있지. 그래서 나도 청바지에 카디건이나 걸치고 하찮은 모습으로 다녀. 나름대로 적들의 과소평가를 유도하는 전략이지. (역시 애거서 크리스티가 만들어 낸 인물_옮긴이)

이 외에도 참고할 만한 탐정이 정말 많아. 하지만 진실 탐정이 되는 데는 배트맨 같은 특수 장비도 캐드펠 수도사 같은 정교한 헤어스타일도 필요 없어.

흠…, 그렇다면 뭐가 필요할까? 돋보기? 지문 채취용 분말?

아니, 가장 먼저 필요한 건 **데이터**야. 데이터가 숫자를 뜻하는 멋진 단어라는 건 알 거야. 숫자를 잘 파악하고 있으면 다른 모든 걸 파악하는 데 도움이 돼. 숫자가 세상을 이해하는 데 왜 그렇게 중요한 도구인가는 2장에서 살펴볼 거야.

네가 숫자를 쫓고 싶지 않더라도 숫자가 널 쫓아다닐 것이라는 것만 알아둬. 맞아, 숫자는 수학 시간을 빠져나와 온 세상을 활보하고 있어! 뉴스 사이트도 숫자로 가득 차 있어. 자기가 얼마나 대단한지 뽐내는 정치인의 이야기든 범죄나 사고, 질병에 관한 끔찍한 기사든 마찬가지야. 소셜미디어도 숫자투성이야. 우리가 보는 모든 게시글에는 '좋아요'나 '공유' 수가 나와 있어.

때로는 게시글이 전하려는 내용보다 게시글 아래에 있는 숫자에 관심이 가기도 해. 심지어 숫자가 우리 눈에 보이지 않을 때도 숫자는 우리가 경험하는 세상을 만들고 있어.

수학 시간

유튜브나 틱톡에서 우리에게 추천할 다음 영상을 결정하는 건 누구일까? 사람이 아니야. 숫자가 결정해. 모든 사용자의 시청 기록을 바탕으로 복잡하고 비밀스러운 계산 끝에 나오는 숫자야. 목표는 당연히 우리가 계속 스크롤을 내리고 관심을 가질 만한 영상을 추천하는 것이겠지.

숫자는 어디에나 있어. 그리고 세상만사 까다로운 일의 진실을 파헤치려면 숫자를 이해할 수 있어야 해. 어떤 일? 이미 몇 가지 소개했지만 추가로 몇 가지 더 소개해 볼게.

🌙 비행기가 격추되는 것을 막는 가장 좋은 방법은 뭘까?

🌙 극심한 빈곤에 처한 사람들의 삶을 이해하는 데 필요한 건 뭘까?

🌙 지구상에서 가장 부유한 사람들은 얼마나 부유한 걸까?

🌙 그림이 생명을 구할 수 있을까? 숫자는? 숫자 그림은 할 수 있을까?
(각각 6장, 3장, 5장, 8장에 나오는 사례야_옮긴이)

이 책에 실린 비법들이 네가 현명하게 세상을 볼 수 있도록 도와줄 거야. 세상의

거의 모든 일에 대해서 말이야. 숫자가 단서를 발견하도록 이끄는 중요한 도구인 건 맞지만,

이 책은 수학에 관한 책이 아니야. 수학을 잘하지 못해도 재미있게 읽을 수 있어.

(휴!) 이 책에 나오는 숫자를 파악하는 데 필요한 요령은 특수한 수학적 방법이 아니거든.

누구나 배울 수 있는 아이디어와 전술이지. 물론 너도 배울 수 있어!

비법, 전술, 도구

진실 탐정의 모습은 각양각색이야. 독특한 외모를 지닌 진실 탐정 (에르퀼 푸아로, 캐드펠 수도사)도 있고, 신분을 위장한 진실 탐정(배트맨, 오툴린 브라운)도 있어. 하지만 엄청난 능력이 있으면서도 누가 봐도 평범해 보이는 진실 탐정(베로니카 마스, 펠루다, 미스 마플)도 있어. 중요한 건 의상이나 장비가 아니라 머릿속이야. 따라서 이 모험에서 우리가 갖추게 될 도구도 아이디어, 전략, 기술 등 까다로운 문제의 진상을 캐내고 실수를 피하고 빌런들을 뛰어넘게 해줄 두뇌의 도구들이야. 배트맨은 유틸리티 벨트에 각종 장비를 넣고 다녀. 미스 마플의 핸드백에는 필요한 것이 모두 들어 있지. 너는 어때? 우리는 이 두뇌의 도구들을 머릿속에 집어넣어야 해. 세 가지 핵심 아이디어를 먼저 소개할게.

비법, 전술, 도구

분류 완료

✦ 첫 번째, 데이터는 숫자야. 숫자는 어디에나 있어. 측정하거나 계산할 때 쓰이며 세상에 두루 영향력을 행사해. 진실에 접근하고 싶으면 두말할 나위 없이 숫자에 익숙해져야 해. 데이터가 중요한 단서를 알려줄 거야!

✦ 다음으로는 머리를 써야 해. 훌륭한 진실 탐정이 되는 데 필요한 건 복잡한 수학 계산을 할 수 있는 능력이 아니야. 깊이 생각하고, 상상력을 발휘하며, 확연히 드러난 것 너머를 보고자 하는 의지지.

✦ 무엇보다도 중요한 것은 올바른 태도야. 올바른 태도가 없으면 아무리 깊은 학식을 갖춘 똑똑한 사람일지라도 아주, 무척, 상당히 잘못된 판단에 이를 수 있어. 앞으로 소개할게.

그렇다면 태도부터 시작해 보자. 많은 사람이 무엇이 진실이고 무엇이 진실이 아닌지 알아내기 위해서는 똑똑해야 한다고 생각해. 틀린 말은 아니야. 하지만 침착함을 유지하는 것이 훨씬 더 중요해. 왜 그런지는 첫 번째 사례를 파헤치며 알아보자. 세상에서 가장 유명한 탐정 셜록 홈스가 함께할 테니 기대해.

1부

?

?

진실 탐정의
마음가짐

수상한 코팅리 요정 사례

100년 전, 아서라는 이름의 유명 작가 앞으로 놀라운 편지가 한 통 도착했어. 불가사의하고 멋진 일이 벌어졌다고 쓰여 있었지. 잉글랜드 북부 요크셔 지방의 두 여자아이가 정원 구석에서 **요정 사진을 찍었다**는 편지였어.

아서는 동봉된 사진을 꺼냈어. 아름다운 사진이었어. 아홉 살 여자아이(프랜시스)가 카메라를 보며 웃고 있는데, 네 명의 날개 달린 작은 요정들에게 둘러싸여 있었어. 사진은 프랜시스의 사촌 엘시가 찍었다고 했어. 아서는 이 사진에 대해 세상에서 가장 정교하고 독창적인 속임수거나 인류의 역사를 고쳐 써야 하는 사건이라고 평하는 책을 썼어.

자, 넌 진실 탐정이야.
진짜 요정일까? 아니면 속임수,
즉 '날조'된 것일까?
한번 판단해 봐.

이건 오래전 사진이야. 우리가 스마트폰으로 사진을 찍고 앱으로 편집할 수 있기 훨씬 전이지. 사진을 위조하려면 붓을 들고 그림을 그려 넣거나 다른 복잡한 기교를 동원해야 했어. 아이 두 명이 위조 사진을 만들어낼 수 있었다고는 생각하기 어려워.

하지만 진짜 요정이 있다는 것도 믿기 어렵지. 자, 이 아이들은 정말로 마법 세계에서 온 정령을 찍은 것일까? 아니면 누군가가 위조한 사진인 걸까?

단서를 찾아야 해. 위대한 탐정 셜록 홈스는 '관찰과 추론' 방법을 갖고 있었어. 단서를 **눈여겨보고**, 그다음 **생각하는** 거야.

관찰 프랜시스와 엘시를 제외하고는 아무도 요정을 보지 못했어. 사진은 언제나 어른들이 없을 때만 찍혔어.
추론 요정들이 수줍음이 많은가 봐. 아니면 존재하지 않는 거지.

관찰 사진 전문가들은 이 사진들이 위조됐다고 생각했어. 하지만 어떻게 위조됐는지는 설명하지 못했어.
추론 전문가들이 요정의 마법 때문에 혼란을 느낀 것일 수도 있어. 하지만 사진이 속임수일 가능성이 크기는 하지.

관찰 이 시기는 사진 기술이 발명된 초창기였기 때문에 움직이는 사물을 찍으면 경계가 모호하고 흐릿하게 찍혔어. 프랜시스와 춤추는 요정들을 찍은 사진을 보면 뒤쪽의 폭포는 흐리지만 요정들은 뚜렷하고 분명하게 보여.

추론 요정들은 움직이지 않는 거야. 즉, 요정들은 종이에서 오려낸 것이거나 나중에 그려 넣은 것이라는 뜻이야.

관찰 프랜시스의 사촌 엘시는 아홉 살짜리 어린아이가 아니었어. 열여섯 살이었지. 엘시는 미술을 공부했어. 엘시의 선생님은 엘시가 요정 그림을 그리거나 오리는 데 재주가 있다고 말했어. 또 엘시는 사진관에서 일했어. 그것도 사진을 고치는 일을 했어.

추론 엘시는 사진을 위조할 수 있는 기술을 가지고 있었어.

이것들이 바로 단서야. 의심 가는 점이 있어? 사진은 위조된 것일 가능성이 꽤 크지. 그렇지 않아? 상황도 의심스럽고, 위조됐다는 명백한 흔적도 있어. 게다가 엘시는 미술에 상당한 소질이 있었어. 무엇보다도 말 그대로 사진을 수정하는 게 엘시의 일이었지.

네 생각이 그렇다면, 나도 동의하는 바야. 하지만 아서는 그렇지 않았어. 아서는 요정이 진짜라는 걸 믿어 의심치 않았고, 자기 생각을 책으로까지 썼어. 이상한 일이야.

더 이상한 건 이 아서라는 작가가 바로 아서 코난 도일 경이라는 거야. '셜록 홈스' 시리즈를 쓴 바로 그 작가! 셜록 홈스는 빛나는 논리의 완벽한 상징이야. 가장 유명한 소설 속 탐정이지. 해리 포터가 마법사의 대표, 슈퍼맨이 슈퍼히어로의 대표라면 셜록 홈스는 탐정의 대표야. 그리고 셜록 홈스를 만든 사람이 이 아서 경이야. 아서 경은 사진작가이기도 했어! 그런데도 두 명의 아이들에게 속아서 요정 사진을 믿었어.

왜 이런 일이 벌어진 걸까?
그리고 진실 탐정이 되고자 하는 우리는 이 사건에서 뭘 배워야 할까?

아서 경은 자신의 감정에 속았던 거야. 아서 경에게는 슬픔이 있었어. 아내가 젊은 나이에 세상을 떠났거든. 1918년에 대유행한 독감으로 남동생과 맏아들까지 잃었어. 아서 경은 이들을 잃고 싶지 않았어. 그런데 이들이 '완전히' 죽은 게 아니라면? 영혼의 세계에 살면서 여전히 그를 지켜보고 있다면? 제대로 된 방법만 찾으면 대화를 나누는 것도 불가능한 일이 아니라면? (영혼과 말을 한다니 지금은 이상하게 들리지만 당시에는 믿는 사람이 많았어.)

사랑했지만 떠나보내야 했던 가족들이 있기에 아서 경에게 요정은 의미심장하게 다가왔어. 아서 경은 아내와 동생, 아들을 그리워한 나머지 우리가 보고 만질 수 있는 것 너머의 삶이 존재한다는 증거를 찾고 있었어. 요정 사진은 바로 그 증거였지. 아서 경은 정말, 정말, 정말로 요정을 '믿고 싶었던' 거야.

하지만 사람들이 단지 진실이길 바란다고 해서 이상한 것을 믿기도 할까? 나는 초능력이 있으면 좋겠어. 너도 그럴 거야.✦

✦　어떤 초능력이 있었으면 좋겠어? 하늘을 나는 능력? 투명 인간이 되는 것? 아니면 눈으로 죽음의 광선을 쏘는 능력? 분명 갖고 싶은 초능력이 있을 거야.

그렇지만 진실이길 바란다고 해서 진실이라고 생각하는 것은 아니야. 나도 내가 투명 인간이 될 수 있다고 생각하지 않아. (그렇게 생각한다면 진작 문제에 휘말렸겠지.) 하지만 아서 경은 요정이 진실이길 바랐기 때문에 요정의 존재를 믿었어. 어떻게 그렇게 믿게 된 걸까? 모두 브레인 가드 탓이야.

브레인 가드

자, 이제 브레인 가드를 만나보자.

브레인 가드는 출입국 관리 요원 또는 보안 요원이라고 생각하면 돼. 누가 들어올 수 있는지, 그리고 누가 들어올 수 없는지를 결정하지. 누군가 와서 들여보내 달라고 하면 보안 요원들은 여권이나 신분증을 확인하고, 모을 수 있는 사실을 모아 증거를 검토한 다음 어떻게 할지 결정하겠지? 사실은 조금 달라. 사람들을 쓱 훑으며 신발, 옷, 머리를 확인한 뒤 들여보내도 되는지 아닌지, 즉 적합한지 아닌지 결정할 때가 많아.

들여보내지 않아야 할 것 같으면 돌려보내지.

편파적이고 이상하게 들리겠지만, 실제로 그래.
브레인 가드는 건물이나 국가가 아니라 우리 뇌를 지키는 보안 요원이야. 새로운 아이디어, 새로운 이야기, 새로운 사실이 우리의 뇌에 받아들여지길 희망하며 다가오겠지? 하지만 브레인 가드가 아래위를 살펴보며 적합한지 아닌지 판단해. 누구에게나 브레인 가드가 있어. 그리고 우리 모두 브레인 가드의 활동에 더 주의를 기울여야 해.
왜냐고? 보안 요원과 마찬가지로 우리의 브레인 가드도 항상 올바른 결정만 하는 건 아니거든.

자, 브레인 가드가 어떤 질문을 하면 좋겠어? 몇 가지 예를 보자.

- 이 아이디어는 이치에 맞나?

- 이 이야기는 내가 진실이라고 알고 있는 것과 상충하지는 않나?

- 이 사실은 믿을 만한 출처에서 나온 것일까?

믿을 만한 출처란?

아주 중요하지만 대답하기 쉽지 않은 질문이야. 세상에 전적으로 믿을 수 있는 건 없어. 우리는 언제나 스스로 생각해야 해. 하지만 나는 백과사전이나 교과서에 나온 주장은 믿는 편이야. 인지도 높은 뉴스 사이트는 아마 정확한 내용을 소개하고 있겠지만, 틱톡이나 페이스북은 아무나 무슨 말이든 올릴 수 있지. 그러나 인지도 높은 뉴스 사이트에 실린 기사도 틀릴 때가 있고, 소셜 미디어에 올라온 내용이 맞을 때도 있어.

또 주제에 따라서도 믿을 수 있는 사람이 달라지지. 예를 들어, 정치인들의 말과 행동에 대해서는 신문이나 TV 뉴스에 나오는 내용을 신뢰해. 하지만 과학에 관해서는 이 매체들이 늘 옳은 내용만 전달한다고 생각하지 않아. 기자들은 전문적인 과학자가 아니니까. 나는 수학 선생님이 수학에 대해 해주는 이야기는 신뢰하지만, 어떤 음악이 멋진 음악인가에 대해서는 조언을 해줘도 완벽하게 신뢰하지 않을 것 같아.

이 질문들에 대한 답이 "그렇다"라면, 아마 그 아이디어는 뇌에 입장할 수 있을 거야.

다음 질문은 어때?

- 🌀 이 사실을 나에게 말해준 사람은 우호적이고 자신감 넘치는 태도였나?

- 🌀 나는 이 아이디어가 사실이기를 바라나?

- 🌀 이 이야기가 특별히 자아내는 감정이 있나? 두려움이나 기쁨 같은?

- 🌀 재미있는 이야기인가?

이 질문들은 진실 탐정이 사건을 해결하는 데는 별로 도움이 안 돼. 이야기가 재미있다거나 이야기를 전한 사람이 자신감 있는 건 진실과 아무 상관이 없어.

하지만 유감스럽게도 이 질문들은 우리의 브레인 가드가 자주 묻는 것들이야. 브레인 가드는 감정적인 데다 어느 정도 게으르기도 하고, 첫인상에 좌우되는 경향이 있어. 브레인 가드는 단순하고 흥미로운 생각을 좋아해. 피상적인 판단을 내리는 데다 ("이 이야기를 해준 사람은 좋은 사람 같았어.") 못 말리는 낙천주의자라니까?

단지 흥미롭거나 마음에 든다는 이유만으로 말이 안 되는 생각도 마구 불러들이지. 때로는 무서운 생각을 초대하기도 해. 무서운 생각은 무시하기가 어렵거든.

브레인 가드는 성가시거나 복잡하거나, 또는 내키지 않는다는 이유만으로 마땅히 들여보내야 할 생각을 쫓아낼 때도 많아. 그렇다면 아서 코난 도일 경의 브레인 가드는 단서를 어떻게 처리한 걸까?

단서 프랜시스와 엘시를 제외하고는 아무도 요정을 보지 못했다. 요정이 가짜라는 게 아닐까?
브레인 가드 아니, 요정은 진짜일 테지만 눈에 잘 띄지 않는 거야. 수줍음 많은 성격이 틀림없어.

단서 거부

단서 사진 전문가들은 이 사진들이 위조됐다고 생각했다.
브레인 가드 그래? 그럴 리가 없어, 불가능해. 고작 아이들일 뿐이잖아. 사진을 위조할 수 있을 리 없어.

단서 거부

단서 …하지만 어떻게 위조됐는지는 설명하지 못했다.
브레인 가드 이게 더 흥미롭네. 전문가들이 헷갈리는 모습을 보였다는 거지? 요정의 마법으로 벌어진 일이 분명해.

단서 인정

단서 사진 기술이 발명된 초창기이므로 움직이는 사물은 경계가 모호하고 흐릿하게 찍힌다. 프랜시스가 춤추는 요정들과 찍은 사진을 보면 뒤쪽의 폭포는 흐릿하지만 춤추는 요정들은 뚜렷하고 분명하게 보인다.

브레인 가드 이렇게 들리는군. "어쩌고저쩌고 어쩌고저쩌고, 춤추는 요정들은 뚜렷하고 분명하게 보인다." 그러니까 이 사진들이 고품질 사진이라는 거지?

변형한 단서 인정

단서 엘시는 미술을 공부했다.

브레인 가드 그만, 거기까지. 엘시가 무슨 공부를 했는지까지 왜 신경 써야 하지? 이 아름다운 사진에서 얻을 수 있는 단서만 얻도록 하자고.

단서 거부

브레인 가드는 정말 이상하지 않아? 아서 경의 브레인 가드는 그에게 도움이 되지 않았어. 사진이 뚜렷하며 사진 전문가들이 어떻게 찍은 사진인지 파악하지 못했다는 단서는 열렬히 환영했어. 그러나 전문가들이 위조 사진이라고 생각했다는 것, 그리고 이 '아이들' 중 한 명이 미술 교육을 받았고 사진관에서 일하는 10대라는 것 등의 중요한 사실은 거부했어.

자신이 바라는 것에 따라 일부는 거부하고 일부는 받아들이는 과정을 심리학자들(인간의 마음이 어떻게 작동하는지 연구하는 사람들)은 **확증 편향**이라고 불러. 다른 말로 하면 브레인 가드가 게으르게 굴며 일 처리를 겉핥기식으로 한다는 거지.

좋은 진실 탐정이 되려면 셜록 홈스를 닮되, 아서 코난 도일 경은 닮지 말아야 해. 즉, 브레인 가드를 잘 통제할 수 있어야 해. 여기에는 비밀이 있는데 말이야….

그건 바로….
자신의 감정을 알아차려라!

(다스 베이더의 규칙!)

새로운 아이디어를 마주했을 때 우리가 믿을지의 여부는 일리 있는 사실인가에만 달려 있지 않아. 감정에도 달려 있어. 우리는 인터넷에서 보거나 책에서 읽거나 뉴스에서 접하거나 친구에게서 들은 것 때문에 화가 나거나 기뻐하거나 슬퍼하거나 두려워해.

모든 학교 급식에 푹 퍼진 양배추가 나올 거라고?

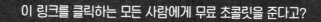

이 링크를 클릭하는 모든 사람에게 무료 초콜릿을 준다고?

세계 최고의 밴드가 곧 해체한다는 소문이 있다고?

이 말들은 진실일 수도 있고 아닐 수도 있어. 진실 여부를 결정하기 전에 어떤 '감정'이 드는지부터 살펴봐. 세상은 이야기로 가득 차 있고, 그중 많은 이야기가 진실이야. 우리에게 사실을 전하기 위해 최선을 다하는 과학자와 저널리스트들이 신중하게 조사한 것들이거든. 하지만 많은 이야기가 진실이 아니기도 해. 이런 이야기들을 **가짜 뉴스**라고 하지.

가짜 뉴스의 목적은 때로는 우리를 속이는 것이기도 하고, 때로는 그저 우리의 주목을 받는 것이기도 해. 어느 쪽이든 가짜 뉴스는 재미있거나 슬프거나 무서운 내용으로 브레인 가드의 관심을 단숨에 사로잡아.

그리고 브레인 가드는 아주 흥분을 잘해. 우리가 강한 감정을 느끼면 브레인 가드가 '위험한 결정'을 내릴 가능성이 커져. 또 브레인 가드는 서두르는 경향이 있어서 금세 첫인상을 결정해 버리곤 해. 유용한 부분도 있지만 '나쁜 선택'으로 이어질 수도 있지.

대신 이런 감정을 알아차린 뒤 잠시 속도를 늦추고 마음을 가라앉혀봐. 그사이 브레인 가드가 논리와 증거에 더 주의를 기울일 거야. 아서 경은 하지 못했어. 하지만 넌 할 수 있으리라 믿어.

마침내 해결된 사례

엘시와 프랜시스가 첫 요정 사진을 찍은 지 65년 후, 영국의 유명 사진 잡지 〈브리티시 저널 오브 포토그래피〉가 놀라운 기사를 발표했어. 모든 목격자를 조사하고 모든 단서를 검토한 끝에 나온 긴 특집 기사였어. 잡지에 따르면 사진이 위조됐다는 데 반론의 여지가 없었어. 그리고 정확히 어떻게 위조된 것인지 밝혀졌지.

각 사진에는 가위로 오린 종이 요정들이 찍혀 있었어. 엘시가 그림책에서 베낀 그림이었지. 요정 그림 하나는 어느 사진작가의 도움을 얻어 큰 크기로 보여줘도 매끄럽게 느껴지도록 '완성도'를 높인 것이었어. 당시에는 디지털로 사진을 고치는 것이 불가능했기 때문에 사진작가들은 가느다란 붓으로 사진의 흐릿한 부분을 보정하곤 했어. 엘시의 부탁을 받은 사진작가는 상상력을 발휘해 각종 디테일을 추가하기까지 했어.

두 개의 사진을 합성한 사진도 있었어. 프랜시스의 사진과 요정 사진을 합쳐 요정이 프랜시스의 시선 끝에서 맴도는 것처럼 만든 것이었어. 엘시는 사진을 합치는 기술에는 전문가나 다름없었어. 사진관에서 종종 했던 일 중 하나가 군인과 그 가족의 사진을 합성하는 것이었거든. 슬픈 일이야. 아마도 가족이 제1차 세계 대전에 군인으로 참전했다가 사망해 모든 가족을 한 사진에 담을 방법이 그것밖에 없었을 거야.

〈브리티시 저널 오브 포토그래피〉는 이 위조 사진이 어떻게 만들어진 것인지 밝히던 중 82세 노년 여성으로부터 편지 한 통을 받았어. 보낸 사람은 바로… 엘시였어!

엘시는 고백을 시작했어….

진실 빌런

엘시 라이트는 나쁜 사람은 아니야. 사실 나는 엘시가 꽤 멋진 사람이라고 생각해. 하지만 장난을 쳤고, 65년 동안 사실을 밝히지 않았지. 왜? 〈브리티시 저널 오브 포토그래피〉에 보낸 편지에서 엘시는 모든 것이 장난에 불과했으나 두 사람은 "난감한 처지에 빠지고 말았다"라고 썼어. 엘시의 어머니가 그 사진들을 다른 어른들에게 보여줬기 때문이야. 그렇게 해서 사진은 아서 코난 도일 경의 손에까지 들어간 거였어. 장난이 가족 간의 농담을 넘어 너무 커져버린 거지. 아서 경은 영국에서 가장 유명한 사람 중 한 명이었어.

엘시 라이트

처음에 엘시는 프랜시스를 보호하기 위해, 그리고 사진가이자 예술가로서 자신의 기술에 자부심이 있었기 때문에 거짓말을 했어. 결국에는 진실을 밝히는 것이 잔인한 일이 됐기 때문에 계속 거짓말을 하게 됐어. 진실을 고백하면 아서 경과 부모님에게 슬프고 당혹스러운 마음을 안길 수밖에 없었으니까. 그래서 엘시는 증조할머니가 될 만큼 나이가 들 때까지 침묵을 지켰어. 엘시의 이야기는 사람들이 때때로 나쁜 의도가 아니라 다정함 때문에 거짓말을 한다는 걸 상기시켜 줘. 하지만 진실 탐정인 우리는 아서 경과 달리 방심하지 말고 명료하게 생각해야 해.

아서 경은 단서, 탐정, 그리고 진실과 거짓의 세계를 잘 알고 있었어. 하지만 감정이 얼마나 강력한 힘을 발휘할 수 있는지 몰랐어. 우리가 배워야 할 점은? 최고의 진실 탐정이 되려면 자신의 감정을 알아차릴 수 있어야 한다는 거야. 감정을 언제나 잘 다스릴 수는 없겠지만, 감정에 휘둘리진 말자고!

일급비밀

비법, 전술, 도구

지금까지 배운 내용을 정리해 더 멋진 진실 탐정이 되기 위한 계획을 세워보자.

✦ 기억해. 브레인 가드는 어떤 아이디어를 주목하고 어떤 아이디어를 거부할지에 관해 성급한 판단을 내리곤 해.

✦ 다스 베이더의 조언을 따르도록. 즉, 자신의 감정을 헤아려야 해. 어떤 주장을 보거나 들었을 때 어떤 느낌이 들어? 그 주장은 어떤 감정을 불러일으켜? 감정은 우리가 명료하게 생각하는 데 방해가 돼.

✦ 우리는 종종 서둘러야 한다는 압박감으로 판단을 내리고, 그런 판단은 잘못된 결과로 이어지는 경우가 많아. 그러니 느긋해지도록 해.

✦ 만일 누군가 정원 구석에서 요정 사진을 찍었다고 하면, 그 사진에 관한 책을 쓰기 전에 한 번 더 생각해 보는 게 좋아.

2장

자신만의
돋보기를 찾을 것,
그리고 올바른
방향으로
비출 것

어떤 것들을 볼 수 없는 이유는 실제로 없기 때문이야.
정원 구석의 요정처럼 말이지. 그런데 적절한
장비를 동원해 주의 깊게 봐야 볼 수 있는
것들도 있어. 이번 장에서는 '렌즈'에 관해
이야기하려고 해. 과학자와 탐정들이 쓰는
전통적 유리 렌즈부터 숫자로 된 렌즈까지
전부 살펴볼 거야! 돋보기를 반질반질 윤이
나게 닦고 망원경을 손에 꼭 쥔 다음 언제나
우리 주변에서 벌어지지만 깨닫기 어려운 일을
들여다보려고 해.
바로 물가 상승이야.

비싼 파스타 사례

어른들과 대화를 나누다 보면 곧잘 예전에는 돈의 가치가 훨씬
컸다는 이야기가 나와. (오래 걸리지도 않아.) "1파운드만 있으면
유원지에 가서 거기 있는 놀이 기구란 놀이 기구는 모조리
타고 솜사탕까지 사 먹어도 집에 올 버스비가 남았지."
어른들이 자주 하는 말이야. 하품이 나오지. 하지만 일리
있는 이야기야. 시간이 흐르면 모든 게 비싸지는 것 같아.

예를 들어 내가 어릴 때 세상에서 제일 멋진 장난감은 레고 갤럭시 익스플로러였어. 1981년 크리스마스에 선물로 받고 싶었는데, 정말 정말 비쌌어. 아버지가 못 사줄지도 모른다고 말씀하셨거든. (그저 너스레였던 것인지 할아버지, 할머니의 도움이 있었던 것인지는 모르겠지만, 어쨌든 크리스마스 아침에 레고 갤럭시 익스플로러가 크리스마스트리 밑에 놓여 있긴 했어.) 갤럭시 익스플로러는 커다란 레고 세트야. 달 착륙장, 관제탑, 우주비행사 4명(2명은 흰색 옷, 2명은 빨간색 옷), 그리고 월면차를 실을 수도 있는 거대한 우주선이 포함돼 있었지.

굉장한 장난감이지! 가격은? 20파운드(약 3만4,000원) 정도였어, 당시에는 큰돈인 것 같았어. 그런데 레고가 이 제품을 다시 출시했을 때는 90파운드(약 15만 원)가 돼 있었어. 가격이 네다섯 배 오른 거야. 왜 이렇게 비싸진 거야? 새로 출시된 제품은 크기도 더 크고 디자인이 더 복잡하기 때문이기도 해.

음, 나처럼 어릴 적 추억을 떠올리는 어른들이 구매하길 바라기 때문이기도 하지. 하지만 가장 큰 이유는? 레고가 비싸진 가장 큰 이유는 '모든 것'이 더 비싸졌기 때문이야.✦

이 현상을 한 단어로 표현하면 **인플레이션**이라고 해.✦✦ 여기에도 숫자가 나와. 대부분의 국가에서는 정부 소속 **통계학자들**이 지난 한 해의 물가

✦ 레고에 관한 이 사실이 흥미롭다면(레고 이야기인데 당연히 흥미롭겠지?) Brickset 또는 BrickEconomy 웹사이트를 방문해 봐. 엄청나게 다양한 레고 제품의 가격이 시간이 지나면서 어떻게 변해왔는지 확인할 수 있어. 그런데 우리가 기름, 금, 레고의 가격에 대해서는 아주 잘 알지만, 스파게티 가격에 대해서는 모른다는 게 이상하지 않아? 지금부터 나올 내용이야.
brickset.com: 레고와 관련된 다양한 사항을 알아볼 수 있는 커뮤니티 www.brickeconomy.com: 레고 제품의 출시 가격과 단종 여부, 현재 판매 가격, 가격 상승률 등을 알아볼 수 있는 웹사이트
✦✦ 어딘가 리듬감이 느껴지는 용어지만, 마냥 재미있는 이야기는 아니야.

상승률 추정치를 정기적으로 발표해. 참고로 영국에서 이 통계학자들이 일하는 곳은 **영국 통계청**(Office for National Statistics, ONS)이야. (전 세계 대부분의 정부가 통계청을 통해 지난 한 해의 물가 상승률 추정치를 정기적으로 발표해. 영국은 www.ons.gov.uk, 한국은 kostat.go.kr에서 확인할 수 있어_옮긴이)

인플레이션이 0%라면 가격은 그대로야. 인플레이션이 100%라고 하면 가격이 2배 올랐다는 뜻이지. 짜증 나는 일이 아닐 수 없어.

내 용돈은 안 오르는데 물가(물건의 값)만 오르면 내가 살 수 있는 물건이 점점 줄어들 거야. 진실 탐정이 된다고 해서 인플레이션으로부터 벗어날 수는 없지만, 관련 수치를 이해하면 어느 부문에서 물가 상승이 일어나고 있는지, 그로 인해 누가 고통받고 있는지, 나아가 어떻게 해야 우리 사회에서 가장 가난한 사람들을 지킬 수 있는지를 알 수 있을 거야.

얼마 전 영국의 공식 인플레이션 수치는 약 5%로 발표됐는데, 이 수치는 평소보다 높은 수치였어. 물건값이 1파운드당 5펜스(0.05파운드)씩 올랐다는 뜻인데, 1년 전 1파운드였던 초콜릿 바가 이제 1파운드 5펜스라는 말이지. 10파운드짜리 티셔츠는 10파운드 50펜스가 됐겠지? 1,000파운드짜리 컴퓨터는 1,050파운드가 됐을 테고 말이야.(영국에서는 파운드와 펜스 두 가지 화폐 단위가 쓰이고 있어. 100펜스가 1파운드야_옮긴이) 사람들은 화를 냈어. 단순히 물건값이 오르고 있기 때문이 아니라, 예년에 비해 빠른 속도로 크게 오르고 있기 때문이었어.

5% 인플레이션의 흥미로운 점은 이 수치가 다른 해보다 높은 수준이고 문제가 일어날 수 있는 정도이긴 하지만, 또 그렇게 큰 문제도 아니라는 거야.

주의를 기울이지 않으면 모르고 지나치기 쉬워.

티셔츠를 생각해 봐. 넌 티셔츠를 사기 위해 10파운드를 모았어. 그 돈을 가지고 가게에 갔지. 그런데 그 티셔츠 가격이 10파운드 50펜스라는 거야, 그럼 화가 나겠지.

하지만 티셔츠를 사려고 돈을 모으지도 않았고, 그저 구경하러 가게에 들렀다면 가격이 오른 걸 눈치채지 못할 수도 있어. 그런데 물건값이 오르는 걸 주시한 사람이 있었어. 음식 저널리스트이자 식품 빈곤 문제 활동가인 잭 먼로였어. 잭은 베이크드빈, 파스타, 쌀 같은 기본 식재료의 가격을 몇 년 동안 면밀히 기록했어. 컴퓨터와 티셔츠 가격은 5%씩 상승했을지 몰라. 하지만 잭이 조사한 대상은 값싼 식재료였고, 이 물품들의 가격 상승률은 무척 다른 양상을 띠고 있었어.

잭이 찾아낸 단서는 다음과 같아.

2021년에 베이크드빈 한 캔의 가격은 22펜스였어. 2022년에는 32펜스였지. 50%에 육박하는 인플레이션이야.

2021년에 저가 파스타의 가격은 29펜스였지만, 2022년에 이 제품의 가격은 30펜스나 31펜스가 아니라 70펜스로 2배 이상 올랐어. 100% 이상의 인플레이션이 일어난 거지.

심지어 쌀 한 봉지의 가격은 45펜스에서 200펜스(2파운드)로, 무려 300% 이상 올랐어.

관심을 가지지 않으면 5%의 가격 상승은 알아차리지 못할 수도 있어. 하지만 300%의 가격 상승은 알아차리고도 남을 거야!

다음 그래프는 잭이 수집한 데이터를 바탕으로 1년 만에 물가가 얼마나 상승했는지 보여주고 있어. 공식 인플레이션 수치인 5%보다 훨씬 높은 수준이라는 것을 알 수 있지.

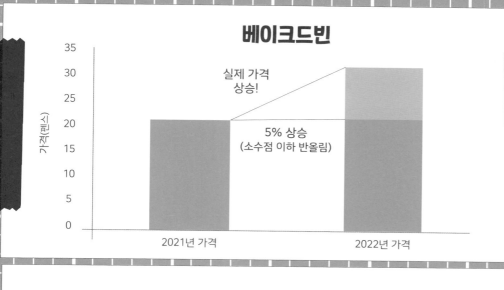

베이크드빈

실제 가격
상승!

5% 상승
(소수점 이하 반올림)

2021년 가격   2022년 가격

가격(펜스)

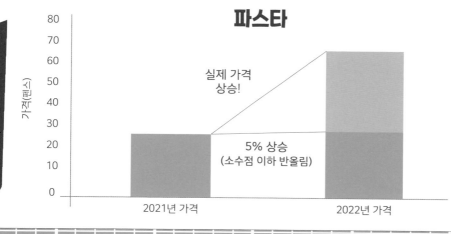

파스타

실제 가격
상승!

5% 상승
(소수점 이하 반올림)

2021년 가격   2022년 가격

가격(펜스)

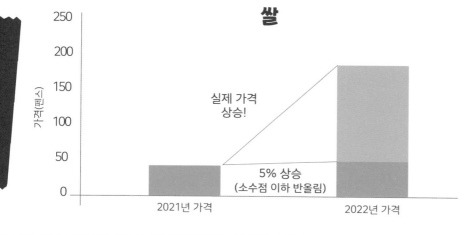

쌀

실제 가격
상승!

5% 상승
(소수점 이하 반올림)

2021년 가격   2022년 가격

가격(펜스)

진실 탐정

잭 먼로는 어린 아들을 돌보기 위해 일을
그만뒀어. 얼마 지나지 않아 돈이 바닥났고,
음식을 살 돈도 없었지. 아들에게는 잼을 바른
토스트라도 줄 수 있었지만, 잭이 먹을 건
부족했어. 아들이 엄마는 왜 먹지 않냐고 물으면
배가 고프지 않다고 대답했어. 그러나 실제로는
배가 고팠지.

잭 먼로

잭은 최대한 저렴한 재료로 맛있는 음식을
만드는 방법을 궁리하기 시작했고, 그렇게
만든 레시피를 인터넷에 공유했어. 점점 더 많은 사람이 그녀의 아이디어를 찾았고,
잭은 가장 인기 있는 레시피를 모아 여러 권의 책을 펴내게 됐지. 무엇보다도 잭은
반(反)빈곤 운동과 푸드 뱅크(식품을 기탁받아 도움이 필요한 사람들에게 지원하는 단체를
두루 일컫는 말이야_옮긴이) 기금 모금을 위한 각종 활동으로 유명해.

그래프에 나타나듯 잭이 동네 슈퍼마켓에서 발견한 가격 상승 수준은 식품 물가가
5% 올랐다고 할 때 예상되는 수준보다 훨씬 컸어. 하지만 이 5%는 공식적으로
발표된 인플레이션 수치야. 흠…, 어떻게 된 걸까? 기묘한 일이야. 이 일의 진상을
파헤치는 데 도움이 되는 질문은….

렌즈로 무엇을 비춰봐야 할까?

돋보기는 모든 탐정에게 유용한 도구야. 손잡이가 달린 간소한 렌즈 하나만 있으면 작은 것을 훨씬 크게 보고 분명히 살필 수 있어. 하지만 돋보기의 문제는 한 번에 모든 곳을 볼 수는 없다는 거야. 모든 것을 크고 분명하고 알기 쉽게 만들 수는 없어. 선택을 해야 해.

그런데 숫자도 돋보기나 망원경, 현미경 같은 렌즈의 역할을 할 수 있어. 숫자는 우리가 볼 수 없는 것들을 분명히 보여주지. 세상을 설명하는 각종 숫자를 **통계**라고 해. 그리고 이 숫자들을 수집하고 분석하는 것을 **통계학**이라고 하지.

적절하게 쓰면 통계는 현미경이나 망원경만큼 강력한 렌즈가 될 수 있어.

그리고 통계의 렌즈를 활용하면 인플레이션도 이해할 수 있어. 지금까지 살펴본 것처럼 가격(티셔츠의 가격 등)을 주의 깊게 보는 것만으로는 5%의 물가 상승을 알아차릴 수도 있고 알아차리지 못할 수도 있어. 구체적인 가격을 수집하고 비교해야 어떤 일이 벌어지고 있는지 눈에 들어오기 시작할 거야. 통계의 렌즈를 인플레이션에 비춘다는 것은 바로 이런 뜻이지. 그럼, 렌즈를 정확히 어디로 맞춰야 할까?

잭은 자신이 사는 동네의 슈퍼마켓에서 가장 싼 식품들을 조사했고, 가격이 빠른 속도로 인상되고 있다는 사실을 발견했어. 하지만 영국 통계청(ONS)이 내놓은 공식 통계에 따르면 가격은 약간만 상승했어야 해. 왜 이런 차이가 나타나게 된 걸까? 잭과 ONS는 서로 다른 곳에 렌즈를 비췄기 때문이야.

인플레이션은 물가 상승을 의미한다고 했어. 그런데 어떤 물건의 가격을 말할까? 쉬운 예를 들어볼게. 내가 사고 싶은 건 프레도 초콜릿뿐이야.[+] 이 초콜릿 가격은 매년 10%씩 올라. 하지만 더 많은 품목의 인플레이션은 5%에 불과하지. 이 상황에서 부모님이 용돈을 5%만 올려주신다면?

"불공평해요!" 나는 항의하겠지. "제가 사고 싶은 건 프레도 초콜릿뿐이에요. 그러니까 프레도 가격만 중요하다고요. 용돈을 5%가 아니라 10% 올려주시면 좋겠어요."[++]

결국 인플레이션에 대한 기준은 뭘 사고 싶은지에 달렸다고 할 수 있어. 우리는 프레도의 가격을 봤고, 잭은 동네 슈퍼마켓에서 가장 기본적인 식재료의 가격을 봤어. 그렇다면 ONS는 뭘 봤을까?

[+] 프레도를 모르는 독자들을 위해 간단한 설명을 덧붙일게. 프레도는 호주에서 만들어졌고, 재미있는 개구리 캐릭터 모양의 초콜릿이야. 개구리 모양 초콜릿을 누가 싫어하겠어? 개구리보다 맛있는 게 어디 있다고?

[++] 이건 내가 지어낸 이야기가 아니야. 실제로 프레도의 가격은 전체 인플레이션 수준보다 더 빠르게 올랐거든. 1999년에 프레도는 영국에서 대체로 10펜스에 팔렸어. 2019년에는 30펜스였지. 하지만 프레도가 다른 것과 똑같이 가격이 올랐다면 2019년에는 15펜스 정도였어야 돼. 전체 인플레이션보다 프레도플레이션이 더 높아.

좋은 질문이야! ONS는 700개 품목의 가격이 시간이 지남에 따라 어떻게 변하는지 살펴. 수많은 가게에서 어느 정도 가격으로 팔리고 있는가를 조사하지. 700개의 상품이 담긴 이 목록을 '바스켓'이라고 불러. 우리가 쇼핑을 가서 장바구니(shopping basket)에 담아 올 수 있는 물품들이라는 데서 따온 이름이야. 물론 휘발유나 매트리스처럼 장바구니에 넣으면 안 되는 것과 해변에서 보내는 휴가, 막힌 변기를 뚫기 위해 배관공을 부르는 일처럼 장바구니에 넣을 수 없는 것도 포함하고 있지만 말이야. 그리고 이 목록은 시간이 지나면 바뀌어. 한번 봐봐.

영국 통계청의 인플레이션 '바스켓'	
1956년, 제2차 세계 대전 종전 몇 년 후	현재
말린 자두	배지 버거(식물성 단백질 패티로 만든 버거)
돼지기름	올리브유
커스터드 분말	단백질 셰이크
젤리	사탕
니커즈✦	언더웨어
우편환 수수료✦✦	스트리밍 구독료
융✦✦✦	축구팀 레플리카 티셔츠 (일반인에게 판매하기 위한 목적으로 라이선스를 받아 선수들의 유니폼을 복제해 만든 상품을 레플리카라고 해_옮긴이)
카메라 필름과 현상 비용✦✦✦✦	잉크젯 프린터 카트리지
장난감: 나무 블록	장난감: 컴퓨터 게임 콘솔
그 밖의 다른 것들	그 밖의 다른 것들

✦   니커즈와 언더웨어 모두 속옷이야. 하지만 1956년의 통계학자들은 '니커즈'의 가격표를 봤고, 지금의 통계학자들은 '언더웨어'의 가격표를 보지.
✦✦   나도 뭔지 헷갈려서 찾아봤어. 편지와 함께 돈을 부칠 때 필요한 특별한 문서를 발급받는 비용이야. 요즈음에는 주로 전자 송금을 이용하지.
✦✦✦   이것도 몰라서 찾아봤어. 부드러운 천의 한 종류로, 집에서 직접 잠옷을 만드는 데 사용했대.
✦✦✦✦   카메라 기능이 있는 스마트폰이 나오기 전에는 필름을 넣은 카메라를 썼어. 필름을 사진관에 맡기고 일주일 뒤에 찾으러 가면 광택 나는 종이에 인화된 사진을 받는 방식이었어. 이걸 설명해야 한다는 사실이 믿기지 않는군, 내가 나이를 너무 먹은 것 같아….

ONS의 바스켓에는 우유처럼 기본적인 것은 물론 샴페인같이 호화로운 것도 포함돼
있어. 2020년에 시작된 팬데믹 기간 동안 ONS에서는 사람들이 실제로 구매하는
품목을 반영하기 위해 손 세정제, 라운지 웨어(집에서 입는 편안한 옷), 반려동물
장난감, 공예 키트 등을 바스켓에 추가하기도 했어. ONS에서 인플레이션이
5%라고 말했을 때의 수치는 이 품목들을 비롯한 수백 개 품목의 가격이
평균적으로 그만큼 상승했다는 뜻이야.

ONS에서 돋보기로 많은 걸 비추긴 했지만, 모든 걸 본 것은 아니야. 샴페인과 휴가,
그리고 제일 많이 팔리는 파스타와 쌀 브랜드는 들여다봤지만, 가장 싼 제품들을 살핀
건 아니지. 한편 잭은 동네 슈퍼마켓의 가장 싼 식품에 초점을 맞췄어. 렌즈로
서로 다른 곳을 비췄기 때문에 ONS와 잭은 인플레이션율에 대해 서로 다른
단서를 발견했어.

그렇다면 가진 것이 적은 사람들의 현실을 설명할 수 있는 인플레이션
수치는 뭘까? 몰라. 왜냐하면 아직 아무도 가장 가난한 가정에서
구매하는 가장 싼 물품들을 돋보기로 광범위하게 비춘 적이 없기 때문이야.

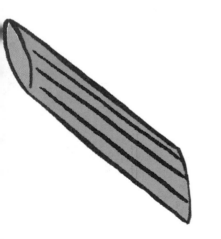

나만의 인플레이션 렌즈를 만들 수도 있을까?

지금까지 적어도 세 가지 내용을 알게 됐기를 바라.

첫째, 숫자(데이터 또는 통계)는 렌즈와 같아. 보기 어려운 걸 명확하게 볼 수 있도록
만들어주지.

하지만….
둘째, 렌즈는 모든 걸 보여줄 순 없어. 우리가 비추는 건 하나의 단서지만,
누군가는 다른 단서를 비출지 몰라. 하지만 덕분에 여러 가지를 배울 수
있을 거야.

셋째, 렌즈로 어디를 비추는가는 아주 중요해. 초콜릿을 사고 싶은데 부모님이
용돈을 적절한 수준으로 올려주시지 않는다면, 앞으로 살 수 있는 초콜릿이
줄어들 거야. 이건 어른들에게도 중요한 문제야. 공식 인플레이션 수치에 맞춰
소득이 오른다고 해도 (보통 그렇다고 볼 수 있어) 그 수치가 고급 식품과 휴가만 반영하고
있다고 해봐. 값싼 파스타와 베이크드빈을 사야 하는 사람은 어려움을 겪을 수밖에 없어.

잭은 이 문제를 해결하는 가장 좋은 방법이 더 많은 자원봉사자의 도움을 얻어 제일 저렴한
빵과 파스타, 냉동 채소, 통조림 식품, 그리고 샴푸나 치약 같은 위생용품 등 기본적인
상품의 가격을 조사하는 것이라고 생각했어. 잭은 더 크고, 더 좋은 렌즈가
필요하다고 느꼈어. 잭은 자신이 찾은 지수를 테리 프래쳇의 소설 《디스크
월드》 시리즈에 나오는 캡틴 바임스의 이름을 따 '바임스 부츠 지수'라고
이름 붙였어.

캡틴 바임스

캡틴 바임스는 부자인 사람은 오래오래 신을 수 있는 고품질 부츠를 살 수 있지만, 가난한 사람은 그럴 수 없다고 불평했어. 가난한 사람은 그런 부츠를 살 돈이 없기 때문에 곧 닳아 못 신게 될 부츠밖에 못 사. 그렇다 보니 얼마 지나지 않아 새 부츠를 사고, 사고, 또 사야 하지. 부자인 사람은 10년이 지나도 고품질 부츠를 신겠지만, 가난한 사람은 매해 겨울이 올 때마다 값싼 부츠를 새로 사야 할 거야. 결과적으로 가난한 사람은 부자인 사람보다 두 배나 많은 돈을 썼는데도 따뜻한 부츠는 신어보지도 못했어.

바임스 '부츠' 이론은 결국 온갖 물건을 살 때 부자들은 돈이 덜 든다는 내용이야. 어때, 진실인 것 같아?

경우에 따라서는 진실일 수도 있고, 아닐 수도 있을 듯해. 하지만 좋은 데이터가 있으면 짐작할 필요가 없겠지. 그렇지 않아?

나만의 인플레이션 바스켓을 만든다면 뭘 넣을 거야? 세상에서 가장 유명한 탐정 셜록 홈스는 종종 '디어스토커' 라고 불리는 이상하게 생긴 모자를 쓴 것으로 묘사되곤 해. 또 담배를 많이 피우고, 바이올린을 켜. 권총을 지니고 다니며, 현미경을 사용해 단서를 조사하지. 따라서 셜록 홈스의 바스켓에는 이런 것들이 들어 있을 거야.

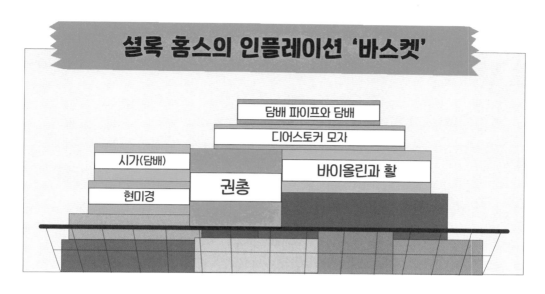

셜록 홈스의 인플레이션 '바스켓'

담배 파이프와 담배
디어스토커 모자
시가(담배)
바이올린과 활
권총
현미경

내 생활은 셜록 홈스만큼 매력적이진 않지만 노트북을 쓸 때가 엄청 많고,

(그걸로 글도 쓰고 계산도 해) 주사위로 하는 게임을 즐기지. 책을 읽거나 글을 쓰지 않을 때는

맛있는 샌드위치와 우동을 먹으러 가. 그리고 나는 담배를 피우지 않는데,

내가 셜록 홈스보다 머리를 잘 쓰려면 이 방법밖에 없는 것 같아.

자, 이게 바로 내 바스켓이야.

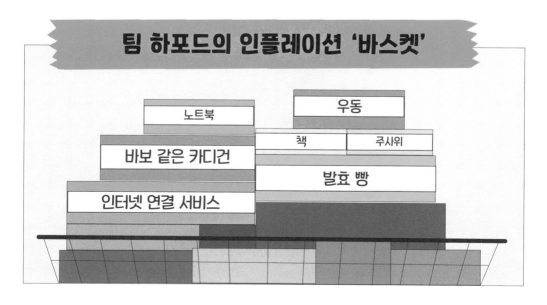

팀 하포드의 인플레이션 '바스켓'

노트북
우동
책
주사위
바보 같은 카디건
발효 빵
인터넷 연결 서비스

네 인플레이션 바스켓은 어떤 모습이야? 종이나 노트를 꺼내 가격이 내려가면
네 기분이 좋을 것 같은 제품과 가격이 올라가면 화가 날 것 같은 제품을 써봐.

가격이 어떻게 변하고 있는지 알아내는 것은 쉽지 않아. ONS는 앞으로 700개 품목의
가격을 살피는 것 이상을 해내기 위해 노력하겠다고 결정했어. 슈퍼마켓 계산대의 스캐너
(바코드 인식기)로 읽는 전자 데이터를 활용하겠다는 계획이야. 그렇게 하면 인플레이션
렌즈의 크기가 커지고 성능도 더 좋아질 거야! 돋보기가 좋으면 좋을수록 우리 삶의 중대한
변화를 알아보기가 훨씬 쉬워져. 이 돋보기가 없으면 확인하기가 불가능한 것들이지.
(네덜란드, 스위스, 노르웨이 등에서 이미 스캐너 데이터를 소비자 물가 통계에 활용하고 있다고 해.
한국에서도 최근 관련 연구가 이루어지고 있어_옮긴이)

잭은 더 크고 더 좋은 돋보기를 마련하기 위해 노력하고 있어. ONS도 같은 목표를 향해
애쓰고 있지. 잭과 ONS는 모든 면에 동의하는 것은 아니지만, 이 문제가 중요하다는
데만큼은 한마음 한뜻이야. 숫자는 렌즈와 같아. 우리가 더욱
명확하게 볼 수 있도록 도와주지.

하지만 이상한 점은, 앞으로 이야기하겠지만 모든
사람이 좋은 렌즈를 통해 현실을 보고 싶어 하는 건
아니라는 거야.

망원경으로 보기를 거부하는 사람들

갈릴레오 갈릴레이는 수학자이자 과학자로, 1564년 이탈리아 피사에서 태어났어.
갈릴레오에 관한 일화는 무척 많아. 그중 한 가지는 갈릴레오가 그 유명한 피사의 사탑
꼭대기에서 무거운 공과 가벼운 공을 떨어뜨려 오래된 논쟁을 해결한 이야기야.[+] 먼 옛날의
사상가들은 무거운 공이 더 빨리 떨어질 것이라고 믿었지만, 틀렸다는 것이 증명됐지.
두 공은 동시에 땅에 떨어졌거든.

이야기의 세부 사항은 아마 사실과 다를 거야.
(갈릴레오가 태어나기 전에 다른 과학자들도 이 실험을
했어.) 하지만 이 이야기는 계속 회자되고 있어.
재미있는 이야기이기도 하고, 갈릴레오의 태도를
보여주기 때문이야. 세상을 이해하고 싶으면 생각만
하면 안 돼. **직접 봐야 해!**

갈릴레오가 달에 대해 다른 과학자들과 의견을
달리한 일화도 유명해. 갈릴레오를 비판한
사람들은 달과 태양, 그리고 다른 천체들 모두
완벽한 구체라고 주장했어. 갈릴레오는 자신의
망원경을 통해 달 표면에 있는 산과 골짜기를
관찰했어.

[+] 만일 지금 흔들리는 탑 꼭대기에 올라가 포탄을 떨어뜨릴
   계획이라면, 부디 멈춰주길 바라.

달은 완벽한 구형이 아니라 크고 울퉁불퉁한 바윗덩어리였지.

"직접 한번 보라니까요!" 갈릴레오는 말했어. 갈릴레오 비판자들은 거절했어. 큰 실수지. 다시 한번 말하지만, **직접 봐야 해.**

오늘날에도 이 일화의 어느 부분이 사실인지를 두고 논쟁은 계속되고 있어. 비판자들은 정말로 갈릴레오의 망원경으로 보는 걸 거부했을까? 아마 그랬을 것 같아. 왜냐하면 지금도 주변을 보면 그런 사람들이 넘쳐나거든.

브레인 가드 재등장!

오늘날 우리에게 있는 가장 좋은 렌즈 중 하나는 통계야. 적절한 숫자들을 보면, 적절한 단서를 얻을 수 있지. 하지만 많은 사람이 통계를 무시해. 브레인 가드가 무시하는 거겠지. 뭘? 숫자를 보는 걸 말이야. 숫자는 복잡하고 혼란스러운 것이라고 지레짐작하고 겁내기 때문이야. 하지만 갈릴레오 비판자들처럼, 보고 나면 자신이 틀렸다는 사실을 인정할 수밖에 없을 거라는 걸 은연중에 알기 때문이기도 해. 기후 변화라고 부르는 보이지 않는 위기를 떠올려보면 무슨 말인지 와닿을 거야.

통계를 이용해 기후 변화 보기

햇빛이나 비, 눈, 안개 등 날씨를 확인하는 건 쉬워. 하지만 기후도 볼 수 있을까?
2,000년이 넘는 시간 동안 유럽의 과학자들은 고대 그리스 철학자 아리스토텔레스의
관점에 따라 기후를 봤어. 아리스토텔레스에 따르면 기후는 단순해. 극지방은 춥고,
적도 근처는 더워. 극지방과 적도 사이는 그 중간으로, 쾌적한 기후야.

사실은 그렇게 단순하지 않아. 기후는 변하고 있어. 자연적인 이유로도 변하고, 우리
인간이 대기를 오염시켜서도 변해. 하지만 아주 천천히 변화하기 때문에, 더군다나 날씨는
무작위로 변하고 있기 때문에 기후 변화는 알아차리기가 힘들지. 어떤 달은 비정상적으로
춥기도 하고, 또 어떤 달은 비정상적으로 더워. 주위를 둘러보는 것만으로는 기후 변화를
볼 수 없어. 날씨가 방해를 하니까!

대신 우리는 통계를 수집해야 해. 앞선 사례에서처럼 통계라는 렌즈를 이용하면 작은 단서를
찾아낼 수 있어. 전 세계의 날씨 탐정이 날씨의 측정치를 모으고 있어. 현재 지구상에는
수천 개의 기상 관측소가 있어. 또 기상 관측 장비가 부착된 항공기, 바다의 부표와 선박,
그리고 지구 궤도를 돌며 쉬지 않고 날씨를 관측하는 기상 위성도 있어. 한마디로 날씨
탐정들이 이 건을 조사하는 중이야!

그런데 이 모든 측정치 가운데에서 패턴을 발견하려면, 통계의 과학이 필요해. 통계는 수많은 숫자를 체계화하고, 기후 변화처럼 느리고 포착하기 어려운 움직임을 찾아낼 수 있도록 도와주는 렌즈야. 만일 통계가 없다면 우리가 할 수 있는 건 날씨에 대해 떠드는 게 전부일 거야. 어떤 사람들은 데이터가 기후 변화를 보여주고 있다는 걸 인정하고 싶어 하지 않아. 애초에 브레인 가드가 기후 변화 현상이나 그에 대응하려면 삶의 방식을 어떻게 바꿔야 하는지와 같은 문제는 아예 생각하고 싶지 않다고 규정하는 거야. 그러나 대부분의 사람은 기후가 변하고 있으며 이 변화가 위험하다는 사실을 알아차리고 있어. 나아가, 우리가 어떤 변화에 맞서 싸워야 하는지도 이해하기 시작했지.

돈이 많지 않은 사람들이 경험하는 물가 상승률은 더 높을까? 기후 변화는 얼마나 빠르게 벌어지고 있을까? 세상은 통계의 렌즈를 통해 분명하고 확실하게 보지 않으면 답할 수 없는 중요한 질문들로 가득 차 있어.

비법, 전술,
도구

일급비밀 ☆

✦ 답을 알고 싶은 질문이 있으면 숫자 형식의 증거를 찾아봐.
  주의 깊게 수집된 숫자들은 그저 보기만 해서는 알 수 없는
  진실을 보여주지.

✦ 숫자로 된 자료가 없을 때도 있어. 그럴 때는 잭 먼로처럼
  목소리를 내봐! 시간에 따라 변화하는 값싼 파스타의
  가격이든 인도양의 수온이든 데이터를 수집하려면 노력이
  필요해. 노력이 올바른 곳에 모일 수 있도록 중요한 일에
  목소리를 높여봐.

✦ 갈릴레오의 망원경을 잊지 마. 사람들은 때때로 혼란을
  겪게 될까 봐, 또는 자신이 틀렸다고 판명될까 봐 증거를
  보려고 하지 않아. 그런 사람 중 하나가 되지 마.
  부디 기꺼이 들여다봤으면 해.

✦ 항상 여분의 프레도 초콜릿을 가지고 다니길 바라.
  언제 먹고 싶어질지 몰라. 게다가 프레도는 확실히 날마다
  점점 더 비싸지고 있어.

통계의 렌즈를 통해 보는 것과
눈으로 직접 보는 것

앞에서 렌즈에 관해 이야기했어. 그리고 숫자는 세상을 볼 수 있는 멋진 렌즈를 제공하지.

하지만 매번 같은 도구만 사용하는 탐정은 없어. 언제나 돋보기에만 눈을 바싹 갖다 대고

있으면 목격자를 성공적으로 인터뷰하거나 악당을 잡기 위해 대담한 자동차 추격전을 벌일

기회를 놓칠지도 몰라. 때로는 돋보기와 망원경을 내려놓고 두 눈으로 살펴봐야 해.

그렇다면 자신의 경험을 신뢰하는 편이 나은 건 어느 경우일까? 또 너무나도 감정적인

우리의 브레인 가드가 성급하게 잘못된 판단을 내리는 상황을 피하려면

어떻게 해야 할까?

무함마드 유누스에게서 한 가지 힌트를 얻을 수
있어. 유누스는 통계의 렌즈를 통해 세상을 보는 데 익숙했어.
방글라데시에서 태어난 유누스는 미국에서 경제학을
공부하며 숫자를 수집하고 분석의 힘을 배웠어.

하지만 방글라데시로 돌아가 보니 통용되고 있는 통계 자료는 가장 가난한
사람들의 삶을 드러내는 데 한계가 있다는 걸 알게 됐어. 실제로 얼마나 절망적인
생활을 하고 있는지를 알려주는 정보가 충분하지 않았거든. 당연히 가난에 대한
해결책을 찾는 데도 도움이 되지 않았지. 그래서 유누스는 대학 강의실 밖으로 나가
인근 마을에서 일하는 가난한 여성들을 만나야겠다고 결심했어. 이 여성들은 숙련된 바구니
직공이었지만, 바구니를 만들 재료를 사기 위해 돈을 빌려야 했어.
대부업자들은 엄청난 이자를 요구했고, 결국 바구니를 팔아도
원금과 이자를 상환하고 나면 남는 돈이 없었지.

유누스는 훨씬 적은 대가를 받고 자신이 돈을 빌려주기로 했어. 그러자 바구니
직공들은 장사로 수익을 내고 가족을 부양하기가 훨씬 쉬워졌어. 그리고 빌린 돈을
갚기도 수월해졌지.

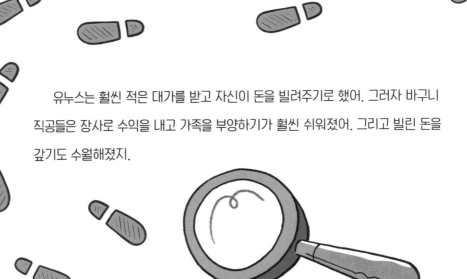

진실 탐정

무함마드 유누스는 1983년에 그라민 은행을 세웠고 '가난한 사람들을 위한 은행가'로 알려지기 시작했어. 그라민 은행은 유누스가 바구니 직공들에게 받았던 것만큼 적은 대가만으로 영세 업체에 소액의 돈을 빌려줬어.

무함마드 유누스

그라민 은행은 전 세계적으로 유명해졌고, 세계 각국이 그라민 은행의 '마이크로파이낸스' 활동을 도입했어. 유누스와 그라민 은행은 빈곤 문제를 해결하는 데 기여한 공로를 인정받아 2006년에 노벨 평화상을 공동 수상했어.

유누스는 '지렁이의 관점', 즉 아래에서 보는 관점의 중요성을 말하곤 했어. '새의 관점'으로 높은 곳을 날며 멀리서 보는 대신, 천천히 움직이며 주의 깊게 보고, 본 것을 곰곰이 생각하는 시간을 가져야 한다는 말이야.

통계의 렌즈를 통해 세상을 바라보는 것은 대단히 효과적이지. 하지만 진실 탐정에게는 렌즈를 내려놓고 유누스가 그랬던 것처럼 주위를 둘러보는 일도 필요해.

통계는 기후 변화나 인플레이션처럼 대량의 정보를 분석해야 알 수 있는 것을 드러내고 큰 그림을 볼 수 있게 해줘. 하지만 직접 겪는 경험은 우리에게 다른 것을 보여줘. 값싼 파스타의 가격에 문제가 있을지 모른다는 데 생각이 미쳤던 잭 먼로를 떠올려봐. 이건 줄줄이 나열된 숫자를 보고 떠올릴 수 있는 게 아니야. 동네 가게에 가서 '어, 이상한데. 내가 기억하는 가격보다 비싼데?' 하고 느낄 때 떠올릴 수 있는 거지. 직접 경험하는 건 이렇게 중요해.

당연히 지구의 평균 기온이 상승하고 있다는 사실도 알아야 해, 하지만 그걸로 집이 물에 잠길 때만큼 기후 변화의 위력을 절감할 수는 없어. 또 인플레이션은 많은 숫자를 통해서만 제대로 측정될 수 있지만, 인플레이션이 무엇인지 피부에 와닿는 건 신발이 작아졌는데 부모님이 새로운 신발을 사주실 수 없을 때일 거야. 세상을 정말로 이해하기 위해서는 통계(망원경과 돋보기)가 필요해. 하지만 우리의 경험도 필요하지. 스프레드시트를 통해서가 아니라 인간으로서 세상을 경험하는 것 말이야.

진실 탐정

한스 로슬링

내가 제일 존경하는 진실 탐정 중 한 사람은 한스 로슬링이야. 한스는 통계학자이자 의사인데 일을 시작하면서부터 전 세계의 가난하고 아픈 사람들을 만났어. 활동 초기에 한스는 아프리카 모잠비크에서 콘조라는 정체불명의 질병과 맞닥뜨렸어. 아무도 이 병의 원인을 알지 못했고, 심지어 생화학 무기가 원인일지도 모른다는 추측까지 나왔어.

한스와 동료들은 각고의 노력 끝에 안전하게 섭취하기 위해서는 까다로운 처리를 해야 하는 독성 작물이 원인이라는 것을 밝혀냈어. 콘조가 발병한 지역은 기근이 들었기 때문에 사람들이 이 작물을 충분히 처리하지 않은 채 먹었던 거야.

이 연구는 한스가 평생 사람들의 문제를 이해하고 해결하기 위해 통계를 활용하면서도 인간성을 발휘해 뛰어들었던 갖가지 모험 중 하나야.

한스는 통계를 바탕으로 문제를 해결하면서도 숫자 뒤에 있는 인간을 잊지 않은 위대한 소통가였어.

세계에서 가장 유명한 통계학자면서도 "숫자는 결코 삶의 전부를 말할 수 없다"라고 쓰기도 했지. 숫자가 없어서는 안 되지만, 우리는 우리의 눈으로도 봐야 해.

몇 년 전, 가족들과 중국을 여행했어. 중국에 대해서는 가기 전부터 통계적 견해를 갖고 있었어. 무척 가난한 나라였던 중국이 중간 소득 나라를 거쳐 부자 나라로 빠르게 바뀌고 있다는 걸 알았지.

하지만 직접 방문하고 나서야 그게 어떤 의미인지 알 수 있었어. 우리는 기차로 중국 남부를 여행했는데, 뉴욕의 랜드마크인 엠파이어 스테이트 빌딩은 상대도 되지 않을 듯한 마천루가 즐비했어. 고층 건물 옆에 고층 건물, 그 옆에 또 고층 건물이 끝없이 펼쳐진 광경을 목도했지. 사람이 정말 많았어. 사방이 콘크리트로 가득했지. 눈앞에 있는 것은 가난에서 벗어나고 있는 놀라운 현장이었어. 그런데 궁금증이 하나 생겼어. 이미 선진국들의 막대한 경제적 성장을 겪은 지구가 이토록 극적인 성장을 또다시 감당할 수 있을까?

나는 숫자를 통해 중국 성장의 모든 걸 알고 있었어. 하지만 가까이에서 보는 경험은 달랐어. 멀리서 아는 것을 넘어 직접 느끼고 깨달을 수 있었던 거야.

자신의 견해가 틀렸을 때

한편 개인적 견해로 인해 잘못된 방향으로 나아가지 않도록 주의해야 해. 너무 가까이 다가가면 다른 곳에서는 삶이 굉장히 다르게 보일 수 있다는 사실을 놓치기 쉽거든.

잭 먼로가 값싼 파스타를 조사한 사례를 예로 들어볼게. 잭은 자신이 다니는 슈퍼마켓에서 파스타 가격이 말도 안 되게 빨리 오르고 있다는 점을 발견했어. 하지만 다른 곳에서는 파스타 가격이 그렇게 빠르게 오르고 있지 않았다면? 실제로 전문가들은 일부 매장에서는 가장 저렴한 상품을 취급하지 않기로 결정한 슈퍼마켓 체인이 있다고 추정하기도 했어.

만약 그러한 매장 중 한 곳에서 값싼 파스타를 고르려고 한다면 상황이 정말 좋지 않게 느껴질 거야. 하지만 다른 곳에서 파스타를 산다면 가격이 올랐다고 느끼지 못할 수도 있지. 그렇기 때문에 잭도 자신의 장바구니만 볼 게 아니라 '바임스 부츠 지수'를 만들어야겠다고 결심한 거야.

무엇이 인기 있는가 하는 문제에서도 비슷한 실수가 일어나기 쉬워. 특히 음악이나 취미, 책 같은 것에 대해서 말이지. 우리는 자신과 친구들이 좋아하는 게임이나 밴드, 작가를 세상 모든 사람이 좋아할 거라고 생각하곤 해. 자기보다 나이가 조금 많거나 어리거나, 다른 나라에 살거나, 심지어 다른 학교에 다닐 뿐인데도 완전히 다른 관심사를 갖고 있다는 걸 알게 되면 의아하게 느끼기도 하지.

직접 겪은 경험은 세상을 보는 귀중한 창이야. 우리는 그 경험 덕분에 많은 것을 생생하고 구체적이며 풍부하게 이해할 수 있어. 그러나 다른 사람들이 보는 세상은 무척 다를 수도 있다는 걸 잊지 말아야 해.

뉴스를 보고 견해를
형성하는 것의 문제점

TV 뉴스를 시청하거나 온라인 또는 소셜미디어를 통해 뉴스 기사를 접할 때, 우리는 생생한 영상과 사진을 보기도 해. 얼마나 생생한지 이런 뉴스 이미지를 보고 나면 직접 겪은 일처럼 느껴질 정도야. 우리는 탱크가 폭발하거나 건물이 무너지고, 비행기가 추락하고, 또 배가 침몰하는 장면을 보거나 범죄자나 용의자의 범죄가 담긴 무서운 사진을 보기도 해.

하지만 좋은 소식은 이런 무서운 일이 일어나긴 하지만 우리 근처에서 일어날 가능성은 낮다는 거야. 대부분의 사람은 비행기가 추락하거나 배가 침몰하는 걸 거의 볼 일이 없어. 전쟁 지역에 사는 사람들이라도 탱크가 폭발하는 모습을 자주 보는 것은 아니야. 그리고 다행히 대부분의 사람은 전쟁 지역에 살고 있지 않지. 그렇지만 TV나 인터넷 뉴스 때문에 우리는 안전한 곳에 살면서도 이런 장면을 매일 볼 수 있어.

사람들이 세상을 어떻게 보는지에 관한 전문적 조사에 따르면 실제보다 세상을 위험한 곳으로 인식하고 있는 경우가 많다고 해. 통계의 렌즈는 범죄, 전쟁, 나아가 당뇨병 같은 질병이 만연해 있는 정도를 우리에게 알려주지. 통계에 따르면 많은 국가에서 범죄가 감소하고 있어. 하지만 대다수의 사람은 범죄가 증가하고 있다고 생각해. 테러 공격으로 인한 사망자도 늘었다고 생각하지만, 실제로는 줄었어.

우리는 뉴스 때문에 세상에 대해
잘못 생각할 때가 있어. 뉴스는
언제나 놀랍고 흥미로운
일들을 보여줘. 무서운 일을
보여주는 일도 자주 있지.

영화, 책, 그리고 TV 프로그램 역시
우리를 혼란스럽게 만들기도 하지.
때로는 상상의 이야기가 상상에
불과하다는 것을 어렵지 않게 알
수 있어. 영화를 보면 외계인, 거대 고릴라,
슈퍼 악당이 걸핏하면 우리를 공격하는 것 같지만, 감사하게도 아직 이런
일이 일어난 적은 없어.✦ 그런데 지어낸 이야기라도 상당히 사실적으로
느껴질 때가 많아.

예컨대 TV에는 살인 사건에 관한 별별 드라마가 다 있어. 살인은 실제로도
벌어지곤 하는 일이지만 대부분의 지역에서 아주 드물게 일어나는 일이야.
(다행이지.) 그러나 TV 드라마에서는 살인 사건이 굉장히 많이 벌어질 수밖에 없어,
그러지 않으면 매주 새로운 에피소드가 나올 수 없으니까. 〈미드소머 머더스〉(영국 드라마로
가상의 교외 지역에서 벌어지는 다양한 살인 사건을 해결하는 내용이야_옮긴이)의 주인공인
바나비 경감은 잉글랜드와 웨일스 지역에서 실제로 일어나는 것보다 280배나 많은 빈도로
발생하는 살인 사건을 해결해야 해.

✦ 하지만 만약 그런 일이 진짜로 생긴다면, 어느 도시가 타깃일지는 우리 모두 알지 않나? 뉴욕!

내가 살고 있는 옥스퍼드를 배경으로 한 수사 드라마 〈인스펙터 모스〉도 마찬가지야. 이곳이 〈인스펙터 모스〉에 나오는 것처럼 그렇게 위험한 지역이라면 무서워서 집 밖으로 나갈 생각이나 할 수 있겠어?

TV 속의 끔찍한 도시들과 살인율이 맞먹는 곳은 지구상에 극소수야.[+] TV에서 무섭고 위험한 곳으로 자주 묘사되는 런던이나 뉴욕 같은 곳도 드라마와 비교도 할 수 없을 만큼 안전해.

다시 한번 말하지만, 통계에 따르면 살인이 일어나는 경우는 드물어. 네 경험상으로도 그렇다는 걸 알 수 있을 거야.(그러길 바라.) 하지만 TV는 다른 말을 하며 우리 개인의 생각과 느낌을 바꿔버리지.

달러 스트리트

통계의 돋보기 및 망원경, 그리고 개인의 경험을 모두 활용할 수 있을 때 우리는 가장 현명한 결정을 할 수 있어. 물론 두 가지를 동시에 하는 건 쉬운 일이 아니야! 한쪽 눈으로는 가까이 있는 걸 보면서 다른 쪽 눈으로는 지평선에 있는 걸 보려고 하다가는 두통이 생길 수도 있지. 그런데 머리를 가볍게 두드리는 동시에 배를 문지르는 것처럼 연습을 통해 익힐 수 있는 일이기도 해. 그럴 만한 가치도 있어!

예를 들어볼게. 좋은 백과사전이나 참고서는 생생한 사진과 놀라운 정보로 가득 차 있어.

+ 네가 사는 곳은 아닐 테니 걱정하지 마.

인체의 내부를 보여주고, 먼지 한 톨을 확대해서 보여주거나 태양계 전체를 축소해서 보여주지. 또 중세 성이나 달 로켓 내부를 알 수 있는 단면도도 보여줘. 그리고 이 모든 감탄스러운 내용을 읽으며 책장을 넘기는 가운데 우리는 사실과 데이터에 관해 꼼꼼하고 정확한 정보를 얻게 되지. 진실 탐정이라면 백과사전이나 참고서 같은 책을 소장하거나 도서관에 들러 자주 보는 게 좋아.

손가락만 몇 번 두드리면 얻을 수 있는 다른 도구들도 있어. 그중에서도 '달러 스트리트'라는 재치 넘치는 웹사이트를 소개하고 싶어(www.gapminder.org/dollar-street). 달러 스트리트는 세상의 가족들이 얼마나 다양한 곳에서 살고 있는지 소개하고 통찰을 제공하는 웹사이트야. 달러 스트리트 연구원들은 세계 곳곳에서 이 프로젝트에 참여하겠다고 자원한 가족들의 집을 방문했어. 모든 것을 사진과 영상으로 기록하고 가족들에게 생활과 문제, 꿈에 대해서도 물었어. 인터넷에 접속만 할 수 있으면 누구나 부룬디에 있는 카부라 가족의 삶을 엿볼 수 있어. 카부라 가족은 진흙 오두막에서 지내며 한 달 29달러의 수입 (하루 1달러의 수입)으로 살아가. 이들이 요리는 어떻게 하는지, (맨땅에 불을 피워서 해) 이는 어떻게 닦는지, (칫솔 한 개를 다 같이 써) 또 어떤 화장실을 이용하는지도 (화장실은 집 밖에 있는데, 땅을 판 다음 나무판자를 놓아 만든 형태야) 확인할 수 있어. 이 가족의 아이들이 제일 좋아하는 장난감은 천에 솜을 채운 것으로, 동물 모양을 본뜬 것처럼 보이지만 확실하진 않아.

(강아지 인형일까?)

카부라 가족

한센 레싱 가족

자신의 생활을 떠올려봐.

🌑 화장실이 있어?

🌑 수세식이고 문이 달려 있어서 화장실을 쓸 때 프라이버시가
지켜져?

🌑 부엌은 어때? 불을 때서 요리해? 전기나 가스를 써서 요리해?

🌑 제일 아끼는 장난감은 뭐야? (너도 봉제 인형을 제일 좋아할지도
모르겠어.)

자기 집을 생각해 보고, 달러 스트리트에서 다른 가족들의 집도 클릭해 봐. 예컨대 중국의
리 가족은 어떨까? 리 가족은 한 달에 731달러를 벌어. 덴마크의 한센 레싱 가족도 있어.
이 가족은 한 달에 5,000달러 이상을 벌어. 그 밖에도 전 세계 250여 가족을 만날 수
있어. (The world에서 South Korea에 체크하면 한국의 가족도 만날 수 있어_옮긴이)

그런데 달러 스트리트는 사진만 보여주는 곳이 아니야. 모든 사진을 비교해 볼 수도 있어.
각각의 화장실을 비교할 수 있고, 칫솔이나 장난감도 마찬가지야. 부유한 집과 가난한 집이
서로 얼마나 다르고, 또 다르지 않은지 알 수 있지. 예컨대 한센 레싱 가족의 집에서 제일
사랑받는 장난감은 포근하고 부드러운 테디 베어 인형이야. 어떻게 보면 카부라 가족의
아이들이 갖고 노는 것과 완전히 달라. 하지만 또 어떻게 보면 비슷하지.
둘 다 껴안기 좋은 부드럽고 흐물흐물한 동물 모양의 봉제 인형이야.

이건 진실 탐정이라면 누구나 조사해야 하는 종류의 증거야! 달러 스트리트에서는 가까이 다가가 칫솔이나 화장실을 살펴볼 수 있어. 한편 멀리 떨어져 큰 그림을 볼 수도 있지. 어디에 사는지, 그리고 얼마만큼의 돈이 있는지에 따라 사람들의 삶이 서로 어떻게 다르고, 또 어떻게 같은지 말이야. 달러 스트리트에는 돋보기와 망원경, 그리고 인간적 시선이 모두 담겨 있어. 이런 경우는 많지 않아. 그리고 진실 탐정에게는 금과옥조 같은 도구가 되지.

진실 탐정

안나 로슬링 뢴룬드

안나 로슬링 뢴룬드는 달러 스트리스트를 만든 인물이야. 뛰어난 데이터 커뮤니케이션 전문가지. 앞에서 만난 안나의 시아버지 한스 로슬링처럼 말이지. 안나는 전 세계 사람들이 실제로 어떻게 살아가고 있는지에 관해 한스가 멋진 강연을 할 수 있도록 소프트웨어를 디자인했어. 숫자를 움직이는 물방울 모양 그래프로 바꿔 삶에 대한 큰 그림을 볼 수 있게 만들어주는 소프트웨어지. (www.gapminder.org/tools/#$chart-type=bubbles&url=v2를 참고해_옮긴이)
안나는 이 소프트웨어 작업을 바탕으로 몇 년 동안 구글에서 일하기도 했어. 현재는 사람들이 숫자를 통해 세상을 이해할 수 있도록 돕는 갭마인더 재단의 부사장이야.

훌륭한 진실 탐정은 통계의 돋보기와 망원경을 사용하는 데도 능숙해야 하지만, 이 렌즈들을 내려놓고 그저 맨눈으로 주위를 살피는 데도 거리낌이 없어야 해. 개인적 경험은 많은 것을 가르쳐줘. 하지만 자신의 경험(또는 뉴스에서 본 것)이 다른 사람들이 보는 것과 다를 때는 경험에 속을 수도 있어. 쉽진 않겠지만 균형을 잘 잡기 위해 노력해야 해.

분류 완료

비법, 전술, 도구

✦ 주위를 둘러보고 세상을 느껴봐. 너의 개인적 경험은 세상이 어떻게 돌아가고 있는지 알려주는 유용한 단서로 무척 중요해.

✦ 그러나 경험에만 의존해서는 안 돼. 네가 진실이라고 생각한 것이 다른 사람이 볼 때는 그렇지 않을 수도 있어. 네가 뉴스로 접하는 내용은 대부분의 사람이 살아가는 일상보다 훨씬 무서운 것들이야.

✦ 통계 돋보기를 이용하면 사물을 가까이에서 볼 수 있고, 통계 망원경을 이용하면 넓은 시야로 큰 그림을 볼 수 있어. 하지만 렌즈를 옆에 내려두고 통계 데이터를 일상적 경험과 결합하는 데도 주저함이 없어야 해. 달러 스트리트 같은 도구를 참고하면 두 가지 관점을 모두 갖추는 데 도움이 될 거야.

✦ 그리고 돋보기로 한쪽 눈을 어마어마하게 크고 무시무시하게 만들 수 있다는 거 알아? 한 번쯤 해볼 만한 일이지.

4장

통계 속에서 진실을 찾을 것

나는 4남매 중 첫째야. 여동생들이
태어났을 때 어머니에게 여쭤봤어.
"아기들은 어디에서 와요?"
어머니는 내가 너무 어려서 자세히 알려줄
필요는 없다고 생각하셨던 것 같아.
황새가 물어다 준다고 대답하셨지.

오래된 이야기야. 황새들이 아기가 든 커다랗고
하얀 보따리를 부리에 물고 배달해 준다는
이야기지. 그런데 여기에는 놀라운 사실이
있어. 숫자가 정말로 황새들이 아기를
배달한다는 걸 보여주고 있지 뭐야.
황새가 가장 많은 나라는 아기가 가장
많이 태어나는 나라이기도 해. 아기가 가장 많이
태어나는 나라는 황새가 가장 많은 나라이기도 하지!
좀 이상하게 들리지? 어떻게 된 일일까?

상관관계의 단서

한쪽이 다른 한쪽과 서로 밀접한 관련성이 있을
때, 이 둘의 관계를 **상관관계**라고 해.

상관관계는 혹시 일어나고 있을지 모르는 어떤 일을 파악할 수 있는 **중요한 단서**로 작용하곤 해. 물론 아무 일도 아닐 수도 있어. 순전한 우연으로 나타난 상관관계일 때도 있으니까. 흔히 레드 헤링(red herring)이라고 부르는 경우야.[+]

예를 들어 독거미와 철자 대회 사이에 이상한 상관관계가 있다는 이야기, 들어본 적 있어? 진짜야. 미국에서 독거미로 인한 사망자 수와 유명한 철자 맞히기 대회의 마지막 단어 철자 수 사이에는 강한 상관관계가 있어. 몇 년 동안 우승 단어가 꽤 짧았는데 (9자, 8자), 이때는 독거미 때문에 사망한 사람의 수도 많지 않았어(6명 사망, 5명 사망). 이후에는 우승 단어가 길었는데(12자, 11자), 독거미들도 바빴던 것 같아(10명 사망, 8명 사망). 가장 길었던 해에는(13자) 독거미들도 가장 바빴어(14명 사망). 이후에는 다행히도 철자 수와 독거미 사망자 수 모두 줄어들었어(7자, 5명 사망).

이런 상관관계가 나타나게 된 연유는 무엇일까? 거미들이 철자 대회에서 우승하려고 경쟁자들을 한 명 한 명 제거하기라도 한 걸까? 물론 아니야, 이건 우연의 일치이자 레드 헤링이야. 그러니 거미로 인한 사망과 철자 사이의 상관관계에 놀랐다면, 그럴 필요 없어. 세상에는 온갖 일이 벌어지고 있기 때문에 자세히 살펴보면 우연의 일치란 발견되기 마련이야.

[+] 사람들의 관심을 진실에서 돌리는 것을 뜻하는 단어야. 레드 헤링(red herring), 즉 붉은 청어는 냄새가 지독한 훈제 생선이야. 정말이지 엄청난 악취를 풍겨. 옛날에 도망자들이 블러드하운드 같은 수색견을 따돌리는 데 이 붉은 청어를 이용했다고 해. 엄청난 악취라고 했잖아? 그런데 도망자들의 뜻대로 되진 않았던 것 같아. 수색견이 냄새나는 청어를 찾아 먹어 치운 다음, 다시 도망자들의 냄새를 쫓은 거지. 우리가 냄새나는 생선을 먹을 의무는 없지만, 엉뚱한 데 주의를 뺏기지 않고 진짜 실마리를 쫓을 수 있도록 조심해야 해.

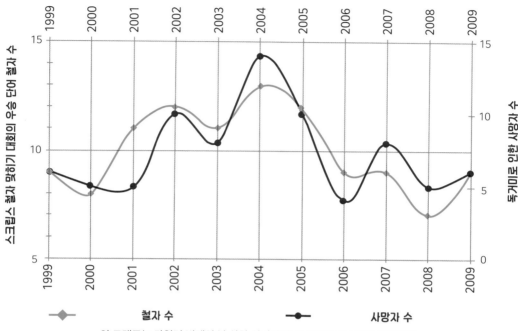

スク립스 철자 맞히기 대회의 우승 단어 철자 수와
독거미로 인한 사망자 수의 상관관계

그런데 상관관계는 우연의 일치가 아니지만 레드 헤링인 경우도 있어. 예컨대 신발 사이즈가 큰 아이들이 수학 시험에서 더 높은 점수를 받아. 그렇다면 모든 아이의 시험 점수가 오르도록 누구나 큰 신발을 신어야 할까? 아니야. 이 상관관계는 진짜지만, 큰 신발이 높은 수학 점수의 원인은 아니야. 대신 15세 아이들은 10세 아이들보다 발이 크고, (신발도 크지.) 10세 아이들은 5세 아이들보다 발이 크지. (신발도 커.) 그리고 당연히 나이가 많은 아이들이 대체로 수학을 더 잘해.

이 같은 경우를 **인과 분기**라고 해.

이때 신발 사이즈와 수학 시험 점수의 관계에는 정말로 뭔가가 있어. 하지만 마냥 신발 사이즈가 크면 시험 점수가 오른다고(또는 시험 점수가 높으면 신발 사이즈가 커진다고) 추정하는 것은 안 돼. 훌륭한 진실 탐정은 상관관계 단서를 대상을 더 깊이 들여다보라는 신호로 받아들이지.

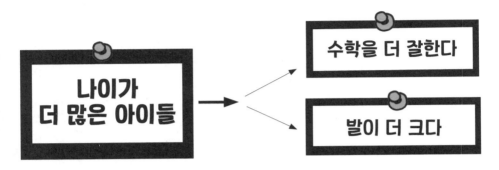

그렇다면 황새와 아기의 상관관계는 어떻게 봐야 할까? 또 다른 인과 분기 사례일까? 폴란드나 튀르키예처럼 큰 나라를 떠올려봐. 아기도 많고, 황새도 많을 거야. 이번에는 모나코나 룩셈부르크처럼 작은 나라를 떠올려봐. 아기도 많지 않고 황새도 많지 않아.✦ 아기가 많은 곳에 황새도 많다는 자료를 볼 때 우리가 진짜 봐야 하는 것은 큰 나라에는 아기를 위해서도 황새를 위해서도 넓은 땅이 있다는 거야.

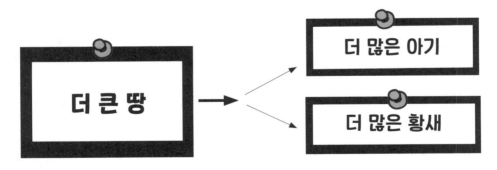

✦ 모나코와 룩셈부르크는 둘 다 국가야. 그런데 룩셈부르크의 인구는 중간 규모 도시와 엇비슷하지만, 모나코의 인구는 작은 마을 정도야.

황새, 아기, 그리고 수상한 폐암 사망 사례

대럴 허프의 《새빨간 거짓말, 통계》(1954)는 통계에 관한 가장 유명한 책 중 하나야.
허프는 통계가 우리를 속일 수 있는 온갖 방법에 관한 재밌는 예로 이 책을
가득 채웠어. 그중에는 황새와 아기의 상관관계에 대한 이야기도 있지.
나는 어릴 때 이 책을 무척 좋아했어. 이 책 덕분에 통계가 우리를
혼란시킬 수 있다는 사실에 흥미를 갖게 됐지.

그런데 허프의 책에는 중요한 내용이 빠져 있어. 허프는 진실을
알아내기 위해 쓰인 통계의 예는 별로 다루지 않았거든.
이건 생각보다 큰 문제야. 통계는 진실을 밝히는 데 쓰여
'생명'을 구하기도 하는걸.

1950년대, 그러니까 《새빨간 거짓말, 통계》가
출간됐을 무렵, 의사와 과학자들은 수상한 미스터리를
풀기 위해 머리를 쥐어짜고 있었어. 드물지만 치명적인
질병이었던 폐암의 발병률이 갈수록 높아지고 있었거든.
15년 만에 영국에서 폐암으로 인한 사망자 수는 여섯 배나 증가했어.
이렇게 급증하게 된 원인은 무엇이었을까?

영국의 과학자 리처드 돌과 오스틴 브래드퍼드 힐이 조사에 착수했어. 병원에 가서 암에
걸렸거나 걸리지 않은 수많은 환자를 만나 인터뷰했어. 어디에서 살고 일하는지,
무엇을 먹고, 운동은 얼마나 하는지, 그리고 담배를 피우는지에 관해서 말이야.
이 같은 초기 연구 결과, 두 사람은 담배를 피우는 것이 폐암의 원인일지도 모른다는 단서를
얻을 수 있었어. 당시의 많은 사람처럼 돌과 힐도 흡연자였어. 돌은 나중에 "흡연이 심각한
문제로 밝혀질 것이라고는 생각하지 못했다"라고 말했어. 연구가 계속되고 증거가 쌓이기
시작하면서 돌과 힐 둘 다 담배를 끊었어.

두 사람은 추적 조사를 위해 거의 6만 명의 의사에게 건강과 흡연 습관에 관해 묻는 편지를
썼어. 그러자 곧 명확히 드러났어. 담배를 피우는 사람은 폐암에 걸릴 가능성이 훨씬
높았어. 두세 배가 아니라, 열여섯 배 더 높았어.

대단히 중대한 발견이었어. 1950년대에는 엄청나게 많은 사람이 담배를 피우고 있었거든.
아무리 작은 위험이라도 수많은 사람의 죽음을 초래할 수 있는 상황이었어. 게다가
담배는 결코 작지 않은 위험으로 드러났어.

같은 시기에 다른 과학자들도 비슷한 단서를 발견했고, 점차 인류는 흡연이 무척 위험한 습관이라는 걸 깨닫게 됐어. 하지만 더 굉장한 일은 이 위험이 발견됨에 따라 흡연을 시작하지 말라고, 빨리 금연하라고 사람들에게 경고할 수 있게 됐다는 거야.

이 메시지가 퍼지는 데도, 사람들이 담배를 끊는 데도 시간이 걸렸어. 담배는 중독성이 아주 높거든. 내 나이대 사람들의 기억 속에는 식당, 비행기, 심지어 학교에도 흡연 구역이 마련돼 있던 시절이 있지. 그리고 나보다 나이가 많은 사람들은 모든 곳이 흡연 구역이었던 때를 기억할 거야. 심지어 병원 안에서도 담배를 피울 수 있었어. 하지만 점차 담배의 위험성을 깨달은 사람들이 담배를 멀리하고 자신을 보호하기 시작했어. 결과적으로 수백만 명이 목숨을 구한 것이나 다름없어.

이 사례는 비록 통계가 악독한 사람들에 의해 우리를 속이는 데 사용될 수도 있지만, 과학자, 연구자, 그리고 진실 탐정들에 의해 진실을 보여주는 데도 쓰일 수 있다는 걸 상기시켜 줘. 대럴 허프처럼 거짓에만 초점을 맞출 수는 없어. 우리는 진실도 찾아야 해. 그리고 숫자가 우리를 도와줄 거야. 숫자는 우리에게 보이지 않는 것들을 보여줄 수 있으니까. 담배와 암의 관련성도 보이지 않는 것 중 하나였어.

진실 탐정

오스틴 브래드퍼드 힐은 제1차 세계 대전 때 파일럿으로 복무했지만 결핵에 걸려 2년 동안 병상에 머물며 생사의 기로에서 헤맸어. 회복하고 난 힐은 의사가 되기에 너무 늦었다고 판단하고 경제학자로서의 길을 걷기 시작했고, 후에 통계학자가 됐어.

오스틴 브래드퍼드 힐

의사 중에는 자신의 흡연 습관을 묻는 설문지에 응답하는 것이 내키지 않는 사람들도 있었어. 그런 사람 중 한 명이 어느 파티에서 힐을 만났어. "우리 모두 담배를 끊길 바라는 사람이 바로 당신이군요."

"아뇨." 힐이 대답했어.
"저야 오히려 담배를 계속 피우면 사람이 어떻게 죽게 되는지 궁금해하고 있죠. 계속 피우든 끊든 선택은 각자의 몫인데, 제가 구태여 신경 쓸 필요가 있을까요. 어쨌든 그쪽의 죽음에 대해 기록하긴 해야겠죠."

세련된 외교가는 아니지만 훌륭한 진실 탐정이었던 힐은 리처드 돌과 함께 진행한 연구로 수백만 명의 생명을 지키는 데 기여했어.

힐은 의약품의 효과를 확인하기 위해 처음으로 양질의 실험을 수행한 인물로도 유명해. 또 젊은 시절 자신을 죽음의 문턱으로 내몰았던 결핵을 항생제로 치료할 수 있다는 것을 증명하기도 했어. 그야말로 달콤한 통계학적 복수지!

'새빨간 거짓말, 통계'를 통해 거짓말하는 법

미국의 정치인들이 담뱃갑에 건강 위험 경고문을 부착할 것인가를 두고 토론을 벌이고 있을 때, 한 전문가가 이 문제에 대해 의견을 내놓았어. 그는 물론 담배와 폐암 사이에 상관관계가 있다는 데 동의했지. 하지만 황새와 아기 사이에도 상관관계가 있어.

누가 봐도 서로 다른 사례잖아? 그러나 이 전문가의 대답은 달랐어.
"제가 보기에는 똑같은 사례군요."

이 전문가는 바로 **대럴 허프**였어!

허프는 중요한 그 어떤 것에 관해서도, 즉 암에 관해서도, 의학 통계에 관해서도 전문가가 아니었어. 그저 숫자에 관한 재미있는 책을 쓴 작가에 불과했어. 하지만 담배 회사에서는 일반 시민이 담배에 대해 헷갈리게 만들려고 허프 같은 인물들을 이용했어. 갖가지 의견이 쏟아져 나왔지! 사람들의 브레인 가드는 완전히 혼란에 빠지고 말았어. 이게 바로 금연을 하고 싶지 않은 사람들이 둘러대는 변명이야.

진실 빌런

대럴 허프의 《새빨간 거짓말, 통계》는 재미있는 아이디어와 현명한 조언으로 가득한 책이야. 그가 담배 업계로부터 금전적 대가를 받고 사람들이 담배가 위험하다는 연구를 의심하도록 선동한 건 슬픈 일이야. 담배 업계는 담배가 치명적이라는 과학적 증거의 등장으로 걱정이 이만저만이 아니었어. 그래서 과학적 증거를 반박할 수 있는 인물을 원했고, 허프는 딱 맞는 사람이었어. 허프는 통계가 우리를 속이는 모든 방법을 보여준 것으로 유명했으니까. 통계가 또다시 우리를 속이는 것이라고 말하기란 허프에게 어려운 일도 아니었어.

허프는 대체 무슨 생각이었을까? 결국 돈 때문이 아니었나 싶어. 하지만 통계의 거짓말에 대해 너무 오랫동안 생각했기 때문에 통계가 우리에게 진실을 말해줄 수 있다는 사실을 잊었던 게 아닌가도 싶어.

대럴 허프

담배는 실제로 암을 비롯한 각종 질병을 유발해. 그리고 대중은 점차 이 사실을 받아들였어. 그런데 의심을 불러일으키는 건 상당히 흔히 볼 수 있는 전략이야. 대다수의 기후학자가 믿고 있다는 사실에도 불구하고 기후 변화를 믿지 않거나 어느 쪽도 확신하지 못하는 사람들이 많다는 걸 알 거야. **왜일까?**

석유와 석탄 회사에서 담배 회사와 똑같은 전략을 썼기 때문일 수도 있어. 과학적 연구 결과를 공격하고 사람들이 모든 것을 의심하도록 부추기는 거야. 담배 회사에서 자신들이 생산한 담배를 사람들이 계속해서 피우기를 바란 것과 마찬가지로, 석유와 석탄 회사에서는 자신들이 판매하는 화석 연료를 사람들이 계속해서 태우기를 바라거든.

코로나19가 실제 상황이 아니라고 주장하기 위해 비슷한 논거를 내세운 사람들도 있었어. 어쨌든 기후 변화는 우리 눈에 보이지 않아. 코로나19도 눈에 보이는 건 아니야. 우리가 볼 수 있는 건 숫자뿐이지. 그리고 대럴 허프가 가르쳐준 것처럼, 숫자는 거짓말에 이용될 수 있어.

형사는 범죄로 기소된 사람들을 상대하지. 이들을 마냥 유죄라고 넘겨짚어서도 안 되고, 무죄라고 넘겨짚어서도 안 돼. 형사의 일은 진실을 알아내기 위해 증거를 수집하는 거야.

진실 탐정도 마찬가지야. 눈길을 끄는 통계적 주장을 마주치면 무조건 진실이라고만 생각하지는 마. 황새와 아기의 관련성처럼 터무니없는 내용일 수도 있어.

하지만 무조건 거짓이라고 생각하지도 않기를 바라. 담배와 암의 관련성처럼 생명을
구하는 데 이바지할 수 있는 대단히 중요한 사실일 수도 있어. 진실 탐정으로서 우리가 해야
하는 일은 모든 걸 믿는 게 아니야. 하지만 모든 걸 믿지 않는 것도 아니지. 우리의 할 일은
진실과 거짓의 차이를 알아내는 거야. 큰 신발을 신는 아이들이 정말 더 똑똑할까?
그저 나이가 더 많은 것뿐일까? 아이스크림을 먹어서 햇빛이 나는 걸까? 아니면
그 반대야? 자, 코르크 게시판, 접착 메모지, 그리고 끈을 준비해. 지금부터 우리 주변의
단서들을 이해하기 위해 나서볼까? 이를 위해 우리에게 필요한 건 바로바로

진실
탐정의
기술!

계속해서 책장을 넘겨봐.

✦ 황새와 아기에서부터 흡연과 폐암에 이르기까지 많은 것이 함께 움직이는 것처럼 보여. 상관관계가 있다는 거지. 어떤 상관관계는 중요한 단서가 되지만, 어떤 상관관계는 레드 헤링에 불과해. 그러니 잘 구별해야 해.

✦ 종종 계획적으로 진실 탐정의 주의를 증거로부터 돌리려 드는 악독한 주체들(담배 업계 등)이 있어. 이들은 잘못된 통계적 증거 때문에 우리가 오해하는 거라고 말하곤 하지. 그런 자료가 있는 것도 맞아. 하지만 모든 통계적 증거가 그런 게 아니야. 주의를 빼앗기지 않도록!

✦ 자신이 읽는 모든 걸 믿는 것은 현명하지 않아. 하지만 모든 걸 믿지 않는 것도 현명하다고 할 수 없지. 대럴 허프는 믿을 수 없는 이유를 찾았어. 리처드 돌과 오스틴 브래드퍼드 힐은 진실을 찾았지. 결국 수백만 명의 생명을 구한 사람은 돌과 힐이야.

✦ 철자 맞히기 대회에 참가한다면 독거미를 조심해. 앞에서 우연의 일치라고 말했지만, 의아하긴 해. 사실은 꽤 교활한 거미들일지도 몰라.

2부

?

?

가짜

진실 탐정의 기술

5장

라벨을 관찰할 것

어느 날 명탐정 셜록 홈스는 친구 왓슨 박사에게 이렇게 말해. (〈보헤미아의 스캔들〉에 나오는 내용이야)

자네는 보지만 관찰하지 않아.
여기에는 아주 큰 차이가 있어. 자네, 현관에서부터
이 방까지 이어지는 계단을 적잖이 봤겠지.

그렇지.

몇 번이나 봤을 것 같나?

수백 번은 될걸.

그럼 계단이 몇 개인지 아나?

계단이 몇 개냐고? 그야 모르지.

그럴 거야! 관찰하지 않았으니까. 하지만 보지 않은 것은 아니야. 이게 내 요점이야. 난 계단이 열일곱 개라는 걸 알아. 난 눈으로 보기도 했지만 관찰했기 때문이라네.

날마다 오르는 계단이 몇 개인지 세어보고 기억하라는 뜻으로 하는 말이 아니야. 하지만 훌륭한 진실 탐정은 관찰력이 있어야 해. 그리고 다른 사람은 놓쳐도 반드시 관찰해야 하는 건 바로 증거를 설명하는 데 사용된 용어나 표현 같은 **라벨**이야.

폭력적인 게임에 관한 수상한 사례

자, 컴퓨터 게임을 좋아하는 너 때문에 어머니가 걱정하고 있는 상황이라고 해보자. 어머니는 뉴스 보도를 통해 폭력적인 게임이 폭력적인 행동과 관련 있다는 연구 결과를 접했어. 어머니는 네가 누군가와 싸우거나 경찰서에 들락거리는 걸 원하지 않아. 그래서 네가 게임을 그만하길 바라서.

어떻게 대처해야 할까? 발을 구르거나 소리를 지를 수도 있겠지. 재판에서 이기기 위해 애쓰는 변호사처럼 전략을 구사하며 네 주장을 내세울 수도 있어. 그러려면 "이의 있습니다!"라고도 몇 번 외쳐줘야 할 거야.

아니면 진실 탐정처럼 행동할 수도 있어. 질문을 하는 거야. 여기에 나온 라벨들을 좀 더 자세히 살펴보자. '폭력적인 게임', '관련 있다', '폭력적인 행동' 이 말들이 정말로 의미하는 것은 뭐지? 우리는 보지만 관찰하지는 않는 경우가 너무 많아.

'폭력적인 게임'이란 마인크래프트나 팩맨, 포트나이트를 가리키는 걸까? 네가 좋아하는 게임이 마인크래프트일 수도 있어. 그렇다면 마인크래프트가 주로 탐험이나 건설하는 게임이라는 걸 알지만, (어머니에게도 이렇게 말하겠지.) 때때로 폭력적인 내용이 나온다는 것도 알 거야.

엄청난 인기를 누린 초기 아케이드 게임 중 하나인 팩맨은 정체불명의 생물체가 돌아다니며 서로 잡아먹는 내용이야. 끔찍하게 들리지만 사실 색깔 있는 작은 도형이 미로를 돌아다니며 길에 놓인 것들을 전부 먹어 치우는 내용이야. 팩맨이 폭력적인 게임이라고 생각하는 사람은 없어. 대부분의 사람은 포트나이트가 폭력적이라는 데는 동의할 거야. 그런데 포트나이트보다 더 무시무시한 게임도 있지. 그렇다면 게임의 폭력성을 밝힌 연구원들은 어떤 게임을 대상으로 연구를 진행한 걸까? 팩맨? 마인크래프트? 포트나이트? '진짜' 거칠고 포악한 게임?

폭력적인 행동과 '관련 있다'라는 건 무슨 의미일까? 폭력적인 게임을 하는 아이는 자주 싸우는 아이라는 뜻일까? 하지만 큰 의미가 없을 수도 있어. 또 하나의 인과 분기 사례인 거지.

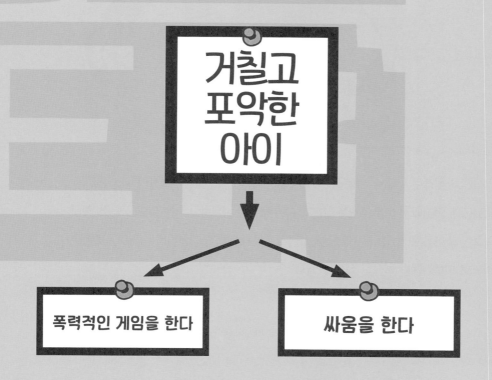

전문가들은 이 문제를 어떻게 생각할까? 과학자들은 이 같은 인과 분기가 오해를 불러일으킬 수 있다는 걸 알기 때문에 이런 문제를 연구할 때는 보통 연구실에서 신중하게 통제된 실험을 해. 사람들이 무작위로 잔잔하고 창의적인 게임을 하거나 폭력적인 게임을 한 뒤 공격적인 행동을 보이는지 보이지 않는지 검사를 받을 수 있도록 하지.

그런데 연구실에서 '폭력적인 행동'은 어떻게 측정하지?

연구실에서 실제로 싸우는 사람은 없을 거 아냐.✦ 그래서 무지무지 이상한 실험도 하곤 해. 사람들에게 엄청나게 매운 소스를 다른 사람의 음료에 넣으라고 하는 실험도 있어. 보다 공격적인 성향을 띠게 됐다면 핫소스를 더 많이 넣지 않을까 하는 아이디어야. 어떤 것 같아? 내가 보기에만 이상한 실험 아니지?

✦ 슈퍼히어로 영화나 스파이 스릴러 영화가 아닌 이상 말이야. 이 영화들에서는 미친 과학자의 지하 은신처에서 반드시 싸움이 벌어지곤 해. 받아라, 문어 박사!

하지만 공격성을 측정하는 대단히 좋은 방법이라고 생각하는 과학자들이 있단 말이지. 폭력적인 게임을 한 다음 핫소스를 후하게 준다고 해서 과연 **게임이 폭력성을 불러온 것**이라고 볼 수 있나?

흥미롭기는 상당히 흥미로워. '폭력성'이나 '공격성'과 같은 라벨은 무시할 수 있는 것들이 아니잖아? 어머니 생각도 여쭤볼 만한 내용이지.

🌑 연구원들은 1년 동안 매일 마인크래프트를 한 사람들은 경찰서를 들락거리게 된다는 증거를 찾기라도 했나?

🌑 아니면 연구실에서 30분 동안 포트나이트를 한 사람들은 다른 사람에게 엄청난 양의 핫소스를 먹이려 든다는 증거를 찾은 걸까?

🌑 연구원들은 실제로 뭘 했을까?

🌑 그리고 뭘 찾았을까?

폭력적인 게임이 문제를 일으키는지, 예방하는지, 혹은 문제에 아무런 영향을 주지 않는지에 관해 다른 의견을 내비치는 연구원들도 그만큼 있어. 연구원들이 25년 이상 논쟁해 온 문제를 너와 어머니가 간단히 풀기란 어려운 일이야. 하지만 이 논쟁에서 발견된 내용에 대해 합리적인 대화를 나누는 건 가능하지. 예를 들어 타협점을 찾을 수도 있을 거야. 핫소스는 절대 건드리지 않기로 약속하고 마인크래프트를 하는 거지.

버스에 탄 억만장자들 사례

몇 년 전, 어느 유명 자선 단체에서 다음과 같은 주장을 내놓았어.

"세계에서 가장 부유한 85명의 사람이 가진 돈은 세계 인구의 가장 가난한 절반이 가진 돈과 엇비슷하다."

런던 버스 한 대에 다 탈 수 있는 이 백만장자들이 수십억 명의 사람보다 더 많은 돈을 가지고 있다는 이야기야. 충격적인 숫자야. 이 주장은 전 세계 신문 1면에 게재됐어. 모르긴 몰라도 이 자선 단체 직원들은 덕분에 엄청난 관심을 받게 됐다고 자축했을 거야.

진실 탐정으로서 우리가 해야 할 일은? **라벨을 확인하는 것!**

우선 이것부터 확인해 보자. '더 많은 돈'이 의미하는 것은 무엇일까?

두 친구, 질과 테드를 비교해 볼게.

질은 베이비시터로 일하고 있어. 일주일에 20파운드를 버는데, 1년에 50주를 일해.

> 20 × 50 = 1,000이잖아? 따라서 1년에 1,000파운드를 벌어.

테드는 일주일에 3파운드의 용돈을 받아. 그리고 1년에 50번 용돈을 받지.✦

> 3 × 50 = 150이야. 따라서 1년에 150파운드를 받아.

이때 누가 더 많은 돈이 있어? 질이야. 그렇지? 질이 훨씬 돈이 많아.

✦ 왜 1년에 52번이 아니냐고? 글쎄, 나도 모르겠네. 휴일에는 용돈을 안 받는 게 아닐까? 1년에 두 번쯤 용돈 받는 걸 잊어버릴 수도 있을 테고. 아무튼 52가 아니라 50이면 계산이 수월하단 말이지, 그럼.

잠깐만, 질은 친구들과 버블티를 먹는 걸 좋아해. 자신이나 다른 사람들을 위한 선물도 자주 사. 현재 질은 돈을 버는 것보다 빠르게 쓰고 있고, 저축은 없어.

한편 테드는 게임기를 사기 위해 돈을 모으고 있어. 테드는 인내심이 강한 편이라 1년 내내 돈을 모았고, 그 결과 150파운드의 저축이 있어.

자, 그렇다면 누가 더 돈이 많은 거야? 그렇지, 테드야. 테드는 150파운드가 있고, 질은 아무것도 없으니까.

잠깐, 잠깐, 잠깐. 질이 테드보다 부자인데, 테드도 질보다 부자라는 건 말이 안 되잖아? 하지만 사실은 말이 돼. 문제는 '부자'나 '더 많은 돈' 같은 말이 단순해 보이지만 다양한 의미를 가진다는 데서 출발해. 조금 더 자세히 살펴보자.

만일 '부자'가 '버는 돈이 더 많다'라는 뜻이라면, 질이 테드보다 부자야.
질이 **수입**이 더 많아.

만일 '부자'가 '모은 돈이 더 많다'라는 뜻이라면, 테드가 질보다 부자야.
테드가 **재산**이 더 많아.

그렇다면 누가 더 부자일까? 질은 수입, 즉 들어오는 돈이 더 많아. 테드는 재산, 즉 모은 돈이 더 많지. 질은 쏟아져 내리는 돈을 온몸으로 맞으며 샤워하는 것과 같아. 반면 테드는 똑똑똑 천천히 떨어지는 돈으로 욕조를 채우는 것과 같지.

억만장자들을 버스 한 대에 태울 수 있다는 자선 단체는 재산에 대해 말한 거야. 그 기준으로 보면 테드가 질보다 부자야. 사실, 질 10억 명이 가진 재산을 합쳐도 테드가 더 부자야. 왜냐하면 질은 재산이 없고, 0은 10억을 곱해도 0이니까.

흠, 질 10억 명의 재산을 합친다라. 뭔가 생각나지 않아? 예의 자선 단체는 버스 한 대면 다 탈 수 있는 백만장자들이 **수십억 명의 사람들이 가진 돈을 합친 것보다 많은 돈**을 가졌다고 강조했어. 그런데 그 수십억 명이 질처럼 **재산이 제로**인 상태라면 이건 그렇게 놀랄 일이 아니야. 테드조차도 질 수십억 명보다 돈이 더 많잖아. 그리고 테드는, 그럼에도 불구하고 게임기를 살 수 있는 돈이 없는 상황이야.

세계에서 가장 가난한 사람들의 처지를 이해하고 싶다면 그들의 수입과 재산을 들여다보는 게 도움이 될 거야. 부룬디의 카부라 가족처럼 하루에 1달러도 안 되는 돈으로 살아가는 사람들도 있어.

앞에서 달러 스트리트와 함께 소개한 카부라 가족은 한 달 수입 29달러로 다섯 식구가 살아가. 세계적으로 약 7억 명의 사람들이 카부라 가족과 비슷한 처지로, 하루 1.9달러 미만의 수입으로 생계를 이어가고 있어. 너무나 참담한 빈곤이야. 그런데 과거에는 상황이 훨씬 더 심각했어. 이 돈으로 생계를 꾸려야 한다고 생각해 봐. 카부라 가족은 수입이 적고 재산도 적어.

천억만장자

세계에서 가장 부유한 사람들이 얼마나 많은 돈을 가졌는지는 아무도 정확히 몰라. 보통 비밀이기도 하고, 돈이 들어오고 나가다 보니 매일 그 양이 달라지기 때문이기도 하지. 하지만 신문과 잡지에서는 이런저런 추측으로 순위를 매겨 목록을 내놓곤 해. 최근의 한 목록에 따르면 자산이 1,000억 달러(약 130조 원) 이상인 사람이 네 명이야.

- 🌙 일론 머스크, 전기차 회사 테슬라 CEO
- 🌙 제프 베이조스, 온라인 쇼핑몰 아마존 창업자
- 🌙 베르나르 아르노, 고급 패션, 향수, 샴페인 브랜드를 소유하고 있는 회장
- 🌙 빌 게이츠, 소프트웨어 기업 마이크로소프트 전 회장
- 🌙 그리고 1,000억 달러를 조금 밑도는 재산을 가진 사람도 몇 명 있어. 메타 CEO 마크 저커버그, 투자자 워런 버핏, 인도의 기업 회장 무케시 암바니 등이야. (이 책이 처음 나올 때는 그랬지만, 2025년이 된 지금은 이들의 재산도 모두 1,000 억 달러가 넘어_옮긴이)

M 0 N 3 Y

그런데 이들이 모두 남성이라는 걸 눈치챘어? 이 사실이 세상에 대해 뭘 말해주고 있다고 생각해?

나는 〈포브스〉에서 발표하는 '픽셔널 15'를 더 좋아해. 소설이나 영화, 드라마에 나오는 부자들의 목록이야. 이 목록에는 다음의 인물들이 이름을 올리곤 하지.

- 윌리 웡카, 초콜릿 공장 주인

- 브루스 웨인, 일명 배트맨(팬티는 안 보임)

- 스마우그, 용

- 토니 스타크, 일명 아이언맨

- 미스터 모노폴리, 모노폴리 보드게임의 실크해트를 쓴 캐릭터

- 라라 크로프트, 무덤 도굴꾼

- 자바 더 헛, 스타워즈의 범죄 조직 두목

- 이빨 요정, 하지만 재산이 현금이 아니라 이빨일 텐데?

M O N 3 Y

어느 쪽이든 세상에서 제일 부유한 사람들은 **엄청난** 돈을 갖고 있지만, 세상에서 제일 가난한 사람들은 거의 아무것도 갖고 있지 않아. '더 많은 돈'이라는 라벨을 '재산'과 '수입'으로 나눈다면 우리가 배울 수 있는 것은 뭘까? 아주 중요한 걸 배울 수 있지. 이층 버스 한 대에 모두 탈 수 있는 85명의 억만장자가 세계 인구의 가장 가난한 절반보다 더 큰 부를 가지고 있다고 했잖아? 이 이야기는 대단히 부유한 몇 사람의 부를 나누면 세계 빈곤 문제를 하룻밤 사이에 해결할 수 있다는 것을 알려주고 있어.

그러나 같은 숫자를 '수입'이라는 라벨을 붙인 뒤 보면 문제가 달라지지. 억만장자들의 수입은 엄청나겠지. 하지만 가난한 사람들의 소비력을 지속적으로 끌어올리는 데는 충분하지 않아. 어쨌든 세계 인구는 80억 명이나 돼. 나에게 80억 달러(약 10조 4,000억 원)라는 **어마어마한 재산**이 있다고 해도, 모든 사람에게 1달러씩 주고 나면 끝이야.

세계 빈곤 문제를 해결하기 위해 노력하고 있는 한 억만장자도 같은 결론에 도달했어. 빌 게이츠는 오랫동안 세상에서 가장 부유한 사람이었어. 그는 '전 세계의 가난, 질병, 불공평 해소'를 목표로 빌&멀린다 게이츠 재단을 설립했어. 하지만 빌 게이츠가 그렇게 돈이 많다면, 왜 가난한 사람들에게 돈을 그냥 나눠주지 않는 걸까? 빌&멀린다 게이츠 재단은 2000년 이래로 500억 달러(약 65조 원) 이상을 지출했어. 세계 인구 1인당 6달러에 불과해. 빌 게이츠가 사람들에게 그저 현금을 나눠 줬다면 6달러는 며칠 만에 사라지고 말았을 거야.

그래서 빌&멀린다 게이츠 재단은 백신이나 도서관 시설을 지원하는 프로젝트에 돈을 썼어. 이에 대해 훌륭한 방식이라고 감탄하는 사람들도 있는 한편, 돈을 잘못된 방식으로 쓰고 있다고 (그리고 개인이 그렇게 돈이 많은 게 말이 되냐고) 비판하는 사람들도 있어. 하지만 한 가지 분명한 건, 아무리 500억 달러라도 현금으로 나눠준다면 80억 인구의 삶을 바꾸기에 충분하지 않다는 거야.

그렇다면 우리는 세계 빈곤 문제에 대해 어떤 조치를 해야 할까? 내가 대신 대답해 줄 수도 없지만, 지금쯤 스스로 답을 찾을 수 있을 거야. 부자들의 돈을 가져다 가난한 사람들에게 나눠줄 수 있을까? 물론 그럴 수도 있겠지. 하지만 그러려면 부자들을 훨씬 더 많이 찾아야 해. 세상에서 제일 부유한 85명의 억만장자가 가진 돈으로는 충분하지 않으니까. 백만장자들의 돈도 필요할지 몰라. 세계적으로 백만장자는 5,000만 명 있는데, 이 사람들이 가진 돈도 엄청나. 하지만 그렇게 반가워하지는 않겠지.

아니면 빌 게이츠처럼 다른 방식으로 빈곤을 끝내기 위해 돈을 써야 해. 세계 빈곤은 쉽게 해결할 수 있는 문제가 아니야. 하지만 '재산' 이라는 라벨, 그리고 '수입'이라는 라벨 둘 다를 통해 보면 문제가 더욱 분명하게 보일 거야.

✦ 데이터의 라벨을 관찰해 봐. '폭력적인 게임'은 무슨 의미야?
부자와 빈자를 비교할 때 우리는 이들의 재산을 비교하는 거야,
수입을 비교하는 거야?

✦ 라벨의 내용을 따지는 것이 지루하게 느껴질지도 모르겠어.
하지만 통계와 관련된 것 중 제일 재미있는 이야기라고 할
수 있지. 어떤 라벨이 의미하는 바는 정확히 뭘까? 또 정확히
어떻게 해야 알 수 있지? 이런 질문을 하지 않으면 핫소스
연구의 이상한 점을 깨달을 수 없어.

✦ 셜록 홈스는 왓슨 박사에게 계단을 봤으되 관찰하진 않았다고
했어. 이 말인즉슨 '주의'를 기울이라는 거야. 세상은 온갖
흥미로운 것으로 가득해. 우리는 과연 평소에 그걸 알아차리고
있을까?

✦ 핫소스에 대한 내성을 길러두는 것도 나쁘지 않아.
이상한 연구원들이 게임에 관한 연구를 하느라 네 음료에
몰래 핫소스를 넣을지도 모르니까.

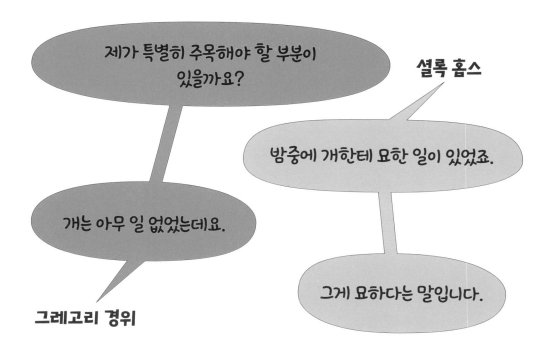

제가 특별히 주목해야 할 부분이 있을까요?

셜록 홈스

밤중에 개한테 묘한 일이 있었죠.

개는 아무 일 없었는데요.

그레고리 경위

그게 묘하다는 말입니다.

지금까지 나온 가장 유명한 탐정 소설 중 한 편인 아서 코난 도일 경의 〈실버 블레이즈〉에 나오는 대화야. 홈스는 어느 복합적인 범죄 사건의 해결을 도와달라는 요청을 받아. 한밤중에 마구간에 있던 유명 경주마 실버 블레이즈를 도난당했고 실버 블레이즈의 조련사가 죽은 채 발견됐어. 살해당한 것 같았지. 홈스는 일어나지 않은 일을 관찰함으로써 훌륭한 추론을 해내. 마구간을 지키던 개가 짖지 않은 거야.

"간밤에 마구간을 찾은 사람은 분명 이 개가 잘 아는 사람입니다."

최고의 진실 탐정이 되려면 코앞에서 일어나는 일뿐 아니라 보이지 않는 곳에서 일어나는 일, 나아가 아예 일어나지 않은 일에도 주의를 기울여야 해. 마구간 개처럼 때때로 빠져 있는 증거가 가장 좋은 증거이기도 하거든.

수상한 소똥의 예언 사례

몇 년 전, 노르웨이의 한 TV 쇼에서 상상 축구 대회 비슷한 걸 열었어. 다만 축구공 대신 똥 누는 소가 있었지.

이 상상 축구 대회에 참가한 사람은 다가오는 몇 달 동안 열리는 진짜 축구 리그에서 잘 뛸 것 같은 진짜 축구 선수를 뽑아야 해. 그 선수들이 내 상상 팀 소속이 되고, 그 선수들이 실제로 잘 뛰면 내 상상 팀이 득점하게 돼. 까다로운 점은 최고의 선수로만 팀을 꾸릴 수는 없다는 거야. 왜냐하면 그 선수들은 몸값이 높고 내 상상 팀은 예산에 제약이 있기 때문이지. 내가 해야 할 일은 잘 뛰면서도 어떤 이유에서인지 몸값은 비싸지 않은 선수를 찾는 거야. 미래를 볼 수 있다면 쉽겠지만, 그렇지 않다면 결코 쉬운 일이 아니지.

자, 이 TV 쇼는 사실 상상 '투자' 대회였어. 참가자가 뽑는 건 축구 선수가 아니라 노르웨이 기업들이었지. 하지만 기본 아이디어는 다르지 않아. 주가가 싸면서도 뛰어난 성과로 모두를 놀라게 할 만한 기업을 찾는 거야.

쇼의 출연진도 무척 흥미로웠어. 별의 움직임을 보고 미래를 예측할 수 있다고 믿는 점성술사도 포함돼 있었어.✦

참가자 중 두 명은 투자 전문가로, 날마다 어느 기업이 좋은 실적을 낼지 알아내는 게 직업인 사람들이었어. 이들은 "아는 게 많을수록 예측을 더 잘할 수 있다"라고 말했지.

✦ 솔직히 나는 어떤 원리인지 잘 모르겠어. 하지만 점성술을 재미있게 생각하는 사람이 많으니까 쇼에 초청됐던 것 같아.

뭐, 그럴 수도 있고.

점성술사와 투자 전문가들 외에는 두 사람의 뷰티 블로거가 있었어. 이들은 메이크업과
유용한 튜토리얼을 개발하는 데는 굉장히 뛰어날지 몰라도, 투자에 관해서는 아는 게
하나도 없다고 처음부터 인정했어. 심지어 아는 기업 이름조차 별로 없었어. 하지만
출연한 이상 최고의 기업을 골라야 했지.

쇼의 진행자들도 잘할 것 같은 기업들을 나름대로 뽑으며 경쟁에 뛰어들었어.

그런데 가장 특이한 참가자는 굴로스였어. 굴로스는 커다랗고, 아름답고, 갈색과
크림색을 띤… 소였어. 제작진은 들판에 흰색으로 28개의 격자 칸을 그린 다음 각 칸에
노르웨이에서 가장 큰 25개 기업의 이름을 표시했어. 굴로스와 다른 소들을 풀어놓으면
이 격자 위를 거닐다가 아무 데나 똥을 싸겠지. 김이 나는 소똥이 가장 많이 쌓인 칸이
굴로스를 비롯한 여러 소가 선택한 기업이 되는 거야. 전략을 묻자 굴로스는 "뫼"✦ 하고
대답했어.

그래서 이 대회에서 누가 우승했을 것 같아? 가장 성적이 나쁜 참가자는 점성술사였어.
그리고 가장 성적이 좋은 참가자는 뷰티 블로거들이었지, 처음부터 투자에 대해 아무것도
모른다고 말했던 사람들인데도 말이야. 아는 게 많은 투자 전문가들과 들판에 아무렇게나
똥을 싸며 투자할 기업을 고른 굴로스는 가운데 순위였어.

✦ "음매"에 해당하는 노르웨이 말이야.

이 사례에서 우리가 알 수 있는 건 앞으로 3개월간 펼쳐질 기업의 미래를 예측함으로써 돈을 벌려고 하는 것은 그저 추측일 뿐이라는 거야. 순전히 운에 달려 있어.

다만! 뜻밖에도 쇼의 진행자들이 그 어느 참가자보다도 엄청나게 잘했다는 결과가 드러났지. 전문가들, 블로거들, 그리고 똥 싸는 소들을 합친 것만큼 많은 돈을 벌었어. 그런데 이 시합이 기본적으로 운에 달린 것이라면, 즉 똥 싸는 소들이 운이 좋아서 전문가만큼 좋은 결과를 내고, 뷰티 블로거들은 그보다 더 좋은 결과를 낼 수 있었던 것이라면, 진행자들은 어떻게 이런 결과를 얻을 수 있었을까?

너무너무 미스터리한 사건이야.

하지만 답은 이래. 쇼의 진행자들은 사실상 이 투자 대회에 한 번만 참가한 게 아니었어. 비밀리에 20개의 서로 다른 투자 조합을 골라뒀거든. 이들은 각각의 조합을 적어 봉투에 넣었어. 이후 대회 우승자를 발표하는 순간이 됐을 때, 재빨리 봉투 다발을 뒤져 가장 실적이 좋았다고 밝혀진 기업들이 포함된 봉투를 고른 거야. 나머지 19개 봉투는 조용히 재활용 쓰레기통에 버렸어.

진짜 터무니없지! 하지만 앞으로 소개할 다른 이야기들에 비하면 그렇게까지 터무니없는 건 아니야. 오로지 성공만 드러내고 다른 모든 걸 숨기는 일은 세상에 아주 흔해. 그리고 이 사실을 이해하고 나면, 무려 마법을 부리는 방법에서부터 비행기 격추를 막는 방법까지 모든 걸 이해할 수 있을 거야.

동전을 던져 열 번 연속 앞면이 나오는 방법

영국의 마술사 데런 브라운이 텔레비전에 출연해 간단하면서도 놀라운 묘기를
선보였어. 평범한 동전을 꺼내 유리그릇에 던졌는데, 앞면이 나왔어. 데런은 동전을
또다시 꺼내 던졌고, 이번에도 앞면이 나왔어. 데런은 이 묘기를 하고,
또 하고, 또 했어. 그때마다 앞면이 나왔지. 그러다 보니 자그마치 열 번이나
연속해서 앞면이 나왔어!

자, 다른 마술사처럼 데런도 환상을 만들어내는 데 달인이야. 몰래 앞면이 두 개인
가짜 동전을 던졌을 수도 있고, 그 밖의 방법으로 우리의 눈을 속였을 수도 있어.
하지만 그러지 않았어. 데런이 던진 동전은 한 치의 오차 없이 정상적인 동전이었어.
동전을 던지는 과정이나 동전이 떨어지는 유리그릇에도 별다른 속임수가 없었어. 그가 던진
동전은 정말로 연속해서 열 번이나 앞면이 나온 거야.

이런 결과가 나올 가능성이 얼마나 되지?

높지 않아. 동전을 던져 앞면이 나올 확률은 2분의 1이야. 두 번 연속 앞면이 나올 확률은
4분의 1이지. (이때 나올 수 있는 조합이 앞면과 뒷면, 뒷면과 앞면, 뒷면과 뒷면, 앞면과 앞면으로
모두 네 가지이기 때문이야. 그리고 이 네 가지 중 한 가지만이 우리가 원하는 조합이지.)
세 번 연속 앞면이 나올 확률은 8분의 1밖에 안 돼. 네 번 연속일 확률은 16분의 1이야.
그리고 열 번 연속 앞면이 나올 확률은? 1024분의 1이야. 동전 열 번 던지기를
1,024회 반복하면 한 번은 운 좋게 열 번 연속 앞면이 나올 수 있다는 말이야.

그렇다면 데런은 어떻게 이 놀라운 묘기를 할 수 있었을까? 답은 간단해. 바로 이 확률에 도전한 거야. 데런은 동전 던지기를 하고 또 하고 또 하며 계속해서 반복했어. 몇 시간에 걸쳐 수천 번 동전을 던져 마침내 열 번 연속 앞면이 나오는 걸 볼 수 있었던 거야. 속임수가 있었다면? 데런이 동전을 던지는 모습은 몇 시간이나 촬영됐지만, 열 번 연속 앞면이 나오는 데 성공한 장면만 방송에 나온 거지. 짜잔!

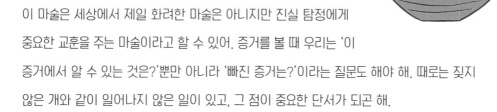

이 마술은 세상에서 제일 화려한 마술은 아니지만 진실 탐정에게 중요한 교훈을 주는 마술이라고 할 수 있어. 증거를 볼 때 우리는 '이 증거에서 알 수 있는 것은?'뿐만 아니라 '빠진 증거는?'이라는 질문도 해야 해. 때로는 짖지 않은 개와 같이 일어나지 않은 일이 있고, 그 점이 중요한 단서가 되곤 해.

또 때로는 데런의 동전 던지기나 미래를 예측하고자 한 TV 쇼 진행자들의 시도처럼 어떤 일이 일어났음에도 우리에게 보이지 않는 일이 있어. 이런 것도 중요한 단서가 될 수 있지. 우리에게 감춰진 것이 무엇인지 알아낼 수만 있다면 말이야.

진실 탐정

아브라함 왈드

제2차 세계 대전 당시 수학자 아브라함 왈드는
미 공군으로부터 전투기를 보강할 방안을 모색해
달라는 요청을 받았어. 전투에서 돌아오는
비행기들 날개에 총탄 구멍이 빼곡했거든.
미 공군은 장갑을 부착하는 방법을 생각해
냈어. 하지만 모든 곳에 장갑을 보강할 수는
없지. 그러면 전투기가 너무 무거워질 테니까.
조사 결과 조종실이나 엔진 부위에 총탄을
맞은 전투기는 거의 없었어. 그래서 미 공군은 전투기 날개에 장갑을 보강하고,
조종실과 엔진은 그대로 두자고 생각했어.

왈드는 동의하지 않았어. 왈드는 미 공군이 총탄을 맞은 모든 전투기를 조사한
것은 아니라는 점을 지적했어. '총탄을 맞았지만 무사히 귀환한 전투기'만이 조사
대상이었지. 왈드는 많은 전투기가 조종실이나 엔진에 총탄을 맞았지만 그런
전투기는 귀환하지 못했다고 추측했어. 날개를 맞은 전투기들은 대체로 귀환했지만
말이야.

그래서 왈드는 반대로 하라고 했어. 전투기의 날개는 그대로 두고 대신 엔진과
조종실을 보강하라고 조언했지.

블록버스터 감자샐러드 사례

만약 멋진 신제품 아이디어가 있다면, 생산에 필요한 자금은 어떻게 구할 거야? 아이디어 경진 대회에서 우승을 노릴 수도 있고, 뜻밖의 횡재를 기다릴 수도 있고, 부모님께 깍듯하게 부탁할 수도 있어. 그런데 이 방법들은 모두 승산이 높지 않아.

오늘날 많은 사람에게 투자와 자금 문제의 해결책은 킥스타터야. 불특정 다수의 개인으로부터 게임, 영화, 책, 만화, 각종 장비와 온갖 멋진 것을 제작하는 데 필요한 지원을 이끌어낼 수 있는 웹사이트지. 기획자들은 킥스타터를 통해 꿈을 현실로 만들기 위한 홍보 효과와 돈을 얻을 수 있어. 후원자들은 상품 개발과 생산에 기여하고 상품이 완성됐을 때 초기 생산품을 입수하는 즐거움을 얻을 수 있지. '페블'은 킥스타터에서 스마트워치를 공개하고 1,000만 달러(약 130억 원)의 투자금을 모금하기도 했어. 또 '프로스트헤이븐'이라는 보드게임에는 1,300만 달러(약 170억 원)가 모금되기도 했어. 미국 작가 브랜던 샌더슨은 새 판타지 소설 출간 계획으로 하루 만에 1,500만 달러(약 195억 원)를 모금하며 킥스타터의 모든 기록을 깼어. 하지만 킥스타터 사상 가장 극적인 캠페인은 잭 '댄저' 브라운이 진행했던 캠페인이 아닐까 싶어. 잭의 목표는 감자샐러드를 만들 돈을 모금하는 것이었어.

잭은 거의 농담 삼아 이렇게 올렸어. "감자샐러드를 만들려고 해요. 어떤 종류로 만들지는 아직 못 정했고요." 잭은 10달러를 모금하는 데 성공하면 감자샐러드를 만들겠다고 했어. "감사합니다"라는 인사 외에는 제공되는 것도 없으니 누가 후원을 하겠냐 싶었지. 그런데 후원자들이 나타났어. 잭의 감자샐러드 캠페인에 무려 5만5,000달러(약 7,000만 원)가 모인 거야. 그저 웃어넘기면 그만인 요청을 하는 잘 알지도 못하는 사람에게 기꺼이 몇 달러를 보낸 사람이 거의 7,000명이나 됐어.

5만5,000달러는 큰돈이야. 대부분의 사람이 1년 동안 버는 돈보다 많은 돈이지. 하지만 크라우드 펀딩 플랫폼 킥스타터 덕분에 잭은 인류 역사상 가장 수익성 좋은 감자샐러드를 만들 돈이 생긴 거야![✦]

감자샐러드로 5만5,000달러를 모금했다는 이야기를 들으면 뭔가를 만들어 킥스타터에 올리고 싶다는 생각이 들지 않아? (작가나 보드게임 디자이너들이 벌어들이는 돈은 말할 것도 없지.) 보드게임 같은 제품이 멋질 것 같아. 욕심 낼 필요도 없어. 1,300만 달러까지는 없어도 되거든. 100만 달러만 모을 수 있으면 충분해! 그것보다 빨리 돈이 필요하다면, 요리를 만드는 건 어때? 꼭 감자샐러드가 아니어도 돼. 설탕을 살짝 뿌린 시리얼 한 그릇도 괜찮지. 아니면 토마토케첩 샌드위치는 어때? 요리 실력을 마음껏 발휘한 뒤, 수만 달러가 들어오길 기다리는 거야!

아, 하지만 나쁜 소식이 있어. 잭이 감자샐러드로 5만5,000달러를 모았다고 해서 우리가 만든 토마토케첩 샌드위치도 5만5,000달러를 모을 수 있을 거라는 보장은 없어. 더할 나위 없이 흥미진진한 킥스타터 성공 이야기에는 한 가지 중요한 내용이 빠져 있어. 바로 킥스타터 실패에 관한 모든 이야기지. '킥엔디드(Kickended)'라는 웹사이트에서 이런 이야기들을 확인할 수 있어. 수영복을 디자인하고 싶었던 여성, 멋진 사진을 찍으며

[✦] 잭은 수익금 일부를 빈곤 퇴치 자선 단체에 기부하고, 나머지로 수백 명을 위한 감자샐러드 파티를 개최했어. 파티를 위해 여러 종류의 감자샐러드를 만들었고, 그중에는 마요네즈를 넣은 감자샐러드, 독일식으로 비니거(서양의 식초 종류)를 넣은 감자샐러드도 있었어. 난 비니거가 들어간 걸 좋아하는데, 넌 어때? 나중에 잭은 자신이 제일 좋아하는 감자샐러드 레시피를 공유하기도 했어. 감자 450g, 마요네즈 60g, 사워크림 30g, 몬아모레 체더 치즈(또는 모차렐라 치즈) 30g, 바질 페스토 30g을 준비한 뒤 염장육인 판체타나 베이컨 적당량, 말린 토마토 적당량, 애플 사이다 비니거, 후추, 입자가 굵은 코셔 소금 약간씩을 넣고 섞어.

$55,000

스코틀랜드를 여행하고 싶었던 남성. 뉴욕주의 두 형제는 핼러윈에 이웃들이 죄다 놀랄 정도로 오싹한 의상을 입고 **진짜 무서운** 트릭 오어 트릿 행사를 연 뒤 자신들의 모습을 촬영하고 싶어 했어. 이들이 바란 건 오직 400달러(약 50만 원)였지. 감자샐러드에도 5만5,000달러가 모이는데, 그게 그렇게 어려운 일이겠어?

하지만 이 사람들은 한 푼도 모금하지 못했어. 친구들, 형제자매들, 심지어 어머니에게도 투자를 받지 못했어. 그리고 알고 보니 이런 사례는 드물지 않았어. 농담 같은 프로젝트로 5만5,000달러를 모은 사람은 잭 댄저 브라운 한 사람뿐이었어. 멋진 트릭 오어 트릿 행사를 꿈꾼 형제처럼 아무 후원을 이끌어내지 못한 킥스타터 프로젝트는 무려 5만 개가 넘어. 그리고 킥스타터에서 프로젝트가 실패한 사례는, 즉 펀딩 목표를 달성하지 못한 사례는 성공한 사례보다 훨씬 일반적이야.

우리는 킥스타터 실패 프로젝트에서 더 큰 교훈을 얻을 수 있어. 스포츠에 뛰어난 사람들을 떠올려봐. 누가 있지? 킬리안 음바페 같은 축구 스타가 떠오르겠지. 테니스 천재 엠마 라두카누를 떠올렸을 수도 있어. 아니면 농구계의 전설 르브론 제임스? 또는 '페이커'로 잘 알려진 한국의 스타 프로게이머 이상혁 선수를 떠올렸을지도 몰라. 모두 대중에게 감동을 주는 사람들이고, 돈을 받고 시합에 나가는 사람들이야. 그런데 스포츠를 잘하는 대부분의 사람은 돈을 받지 못해. 취미로 스포츠를 즐기지. 나아가 돈을 받고 축구나 테니스, 농구 또는 컴퓨터 게임 리그 오브 레전드를 하는 사람들도 대부분은 세계적 스타가 아니야. 물론, 이미 아는 사실일 거야! 하지만 잊어버리기 쉬운 사실이기도 해. 그다지 직접적으로 느껴지지 않거든. 우리는 엠마 라두카누가 나오는 이야기나 사진, 경기를 수백만 명의 테니스 애호가가 나오는 걸 합친 것보다 더 많이 봐.

음악가, 작가, 틱톡이나 유튜브를 기반으로 활동하는 소셜 미디어 인플루언서도 마찬가지야. 우리가 보는 것은 가장 예외적인 사례들뿐이지. 우리는 대개 놀라우리만치 뛰어난 사례를, 그리고 가끔은 어이없이 저조한 사례들을 접하곤 해. 하지만 언제나 일반적이지 않은 사례만 접하는 거야. 부분적으로는 틱톡이나 유튜브가 컴퓨터 프로그램을 이용해 우리가 이미 시청한 영상을 바탕으로 앞으로 시청하고 싶어 할 것 같은 영상을 추천해 주기 때문이기도 해. 하지만 산술적으로 생각해 볼 수도 있어. 1억뷰 크리에이터는 50뷰 크리에이터 100만 명을 합친 것보다 누적 시청 횟수가 두 배나 많아. 우리는 유튜브를 볼 때 모든 관심을 빨아들이고 있는 그 한 사람의 영상을 시청하게 될 가능성이 높아. 그 결과 '유튜브 크리에이터'에 대해 생각할 때 거의 아무도 시청하지 않는 수백만 명의 크리에이터가 아니라 그런 유명 크리에이터를 떠올리게 돼.

그런데 이런 사례는 동전을 수천 번 던졌지만 열 번 연속 앞면이 나온 상황만 대중에게 공개한 마술사 데런 브라운의 사례와 다르지 않아. 예측 경쟁에서 똥 싸는 소 굴로스를

114

이기기 위해 20번의 시도를 하고 가장 성공적인 시도만 공개했던 TV 쇼 진행자들의 이야기를 기억하지? 그때는 터무니없는 이야기라고 했어. 하지만 킬리안 음바페만 보고 축구가 유망한 진로인지 아닌지 결정하려 하거나, 무사히 귀환한 전투기만 보고 날개에 장갑을 보강할지 말지 결정하려 들고, 또 5만5,000달러를 모금한 감자샐러드만 보고 킥스타터 프로젝트를 시작할지 말지 판단하는 사례들에 비하면 정말이지 터무니없는 것도 아니야.

그 밖의 빠진 증거는?

지금까지 빛나는 스포트라이트를 받는 것에만 주목하고 그림자 속에 있거나 비밀로 감춰져 있는 것에는 관심을 두지 않을 때 우리가 놓칠 수 있는 것에 대해 배웠어. 이번에는 또 다른 사각지대를 살펴보려고 해.

보이지 않는 여자들

한 가지 문제는 데이터를 수집하는 사람들이 모든 사람을 조사 대상에 포함하거나 모든 사람과 관련된 질문을 할 만큼 충분한 노력을 기울이지 않는다는 거야. 예컨대 유명한 심리학 연구를 보면 상당수가 남성을 중심으로 실험을 진행했다는 것을 알 수 있어. 또 수많은 신약의 임상 시험이 여성은 배제한 채 남성만을 대상으로 이루어졌지. 위험한 부작용으로부터 여성을 보호하기 위해 그런 경우도 있지만, 그저 여성에게 관심을 두지 않았기 때문에 그런 것 같은 경우도 있어. 그 결과 우리의 이해도에는 커다란 격차가 생겼고, 이 격차는 지금도 해소되지 않았지.

진실 탐정

캐럴라인 크리아도 페레스

캐럴라인 크리아도 페레스는 작가이자 운동가로, 여성과 데이터에 대한 사람들의 생각을 변화시키기 위해 노력하고 있어.

크리아도 페레스의 초기 활동은 상징에 맞춰져 있었어. 남자 조각상은 엄청 많은데 여자 조각상은 별로 없는 이유는? 여자 조각상은 대부분이 여왕의 조각상이거나 '자유'나 '정의' 같은 가치를 상징하는 조각상이야. 뉴욕에 있는 유명한 자유의 여신상도 말 그대로 자유를 상징하는 여신의 모습을 표현한 조각상이지. 그러나 과학이나 정치, 의학 또는 예술 분야에서 고무적 성과를 거둔 실제 여성의 조각상은 많지 않아. 뛰어난 수학자 에미 뇌터, 여성 참정권 운동가 에멀린 팽크허스트, 시인 에밀리 디킨슨의 조각상이 있으면 어떨까? (모두 줄여서 '엠'이라고 부를 수 있는 여성들이네!)

왜 영국 화폐에는 엘리자베스 2세 이외의 여성은 없을까? 크리아도 페레스가 이끈 캠페인은 많은 관심을 모았고, 상당한 변화를 이끌어냈어. 처음에는 거부 의사를 밝혔던 영국 은행에서도 소설가 제인 오스틴의 초상을 10파운드 지폐에 넣었지.

이후 크리아도 페레스의 눈에 띈 것은 '데이터'였어. 크리아도 페레스는 《보이지 않는 여자들》(2019)이라는 제목의 책을 집필하고, 모든 사람을 대표해야 하는 통계 자료가 남성만을 대표하는 경우가 왕왕 있다는 것을 보여줬어. 이런 결과가 나타난 원인 중 하나는 연구원들이 남성만을 연구했기 때문이야. 또 때로는 데이터가 수집되는 방식이 여성들의 삶을 반영하기에 용이하지 않기 때문이었어. 《보이지 않는 여자들》은 커다란 주목을 받았고, 상도 여러 차례 받았어. 덕분에 많은 통계학자와 데이터 과학자는 모든 사람을 대표하기 위해 더 나은 질문을 해야 한다는 사실 깨닫기 시작했고 말이야.

또 다른 문제는 설문지가 남성을 염두에 두고 설계된다는 거야. 아프리카 우간다에서 진행된 한 설문 조사에서는 사람들에게 본업이 무엇인지에 관해 묻는 질문이 있었어. 대부분의 남성이 자신의 직업으로 답한 한편, 많은 여성은 자신의 본업을 아내이자 어머니라고 답했어. 그런데 설문 조사의 내용이 응답자의 일과 책무에 관해 묻는 것으로 바뀌자, 여성들의 대답에 보수를 받고 하고 있는 일이 덧붙었어. 더 나은 질문을 하는 것으로 **수백만 명**의 여성이 직업을 갖고 있다는 사실이 드러났어. 낡은 질문을 던지는 오래된 통계 자료들은 이 일하는 여성들에 관한 사실을 놓친 거라고 봐도 무방해.

운동장을 잠식하는
축구 시합 사례

혹시 축구 시합은 학교 운동장 전체로 퍼지는 경향이 있다고 느낀 적 있어? 캐럴라인 크리아도 페레스는 느낀 적이 있다고 해. 축구를 좋아하는 사람에게는 달가운 일일 거야. 하지만 다른 놀이를 좋아하는 사람이라면, 또는 축구를 좋아하는데 남자아이들이 시합에 끼워주지 않는 상황에 놓인 여자아이라면? 크리아도 페레스에 따르면 축구 시합을 하는 아이들(주로 남자아이들)이 운동장을 몽땅 차지하는 바람에 다른 아이들 (여자아이들)은 구석으로 밀려나는 일이 비일비재하다고 해.

한 가지 대안은 의도적으로 학교 운동장을 여러 구획으로 나눠 축구 시합을 위한 공간을 비롯해 옆으로 재주넘기, 클라이밍, 흉내 내기 등 다른 놀이를 할 수 있는 공간을 지정해 두는 거야. 이게 더 공평한 걸까? 이렇게 하면 여자아이들이 더 넓은 공간에서 더 활동적으로 놀 수 있을까? 아직은 몰라. 왜? 아직까지 운동장 문제에 관한 좋은 데이터가 수집되지 않았기 때문이야.

만일 학교 운동장이나 동네 공원을 새롭게 설계할 수 있는 기회가 주어진다면 넌 어떻게 하고 싶어? 모든 사람이 그곳을 공평하게 이용하고 있는지 알기 위해서는 어떤 정보를 모아야 할까?

분류 완료

✦ 엄청난 성공 이야기를 보고 있다면 실패 이야기도 볼 수
   있었는지 생각해 봐. 실패 이야기는 아주 다른 그림을 우리에게
   보여줄 거야.

✦ 부자가 되는 쉬운 방법이 있다고 단정 짓기 전에 트럭 오어 트럿
   형제와 감자샐러드를 기억하길 바라.

✦ 우리는 무심결에 숫자가 모든 단서를 주고 있다고
   생각하곤 해. 하지만 빠진 단서들이 있을 거야. 데이터가
   보여주지 않는 단서는 무엇인지, 혹은 누구인지 곰곰이
   헤아려보자.

✦ 미래를 예측하는 대회가 열리더라도 절대 똥 싸는 소에게는
   도전하지 마.

달까지 갔다 올 만큼 많은 돈

40여 년 전, 로널드 레이건 당시 미국 대통령은 미국의 국가 부채에 대해 연설했어. 국가 부채란 정부가 빌린 돈의 총액으로, 1981년 미국의 국가 부채는 1조라는 아주 큰 숫자에 가까워지고 있었어.

1조 달러라고?

어마어마하잖아!

하지만 '얼마나' 어마어마한 액수일까? 레이건 대통령은 이해하기 쉽게 설명하려고 했어.

"1,000달러 지폐를 67마일(약 108km) 높이로 쌓아 올리면 1조 달러가 됩니다."

이후로 사람들은 '쌓아 올린 지폐' 방식으로 큰 숫자에 대해 말하곤 해. 예를 들어 아마존을 창업한 억만장자 제프 베이조스가 가진 돈을 1달러 지폐로 바꿔 쌓아 올린다면 1만1,000마일(약 1만7,700km)의 높이가 될 것이라고 해.

우와! 미국의 국가 부채는 최근 30조 달러를 넘어섰어. 10달러짜리를
쌓아 올리면 거의 달까지 갈 수 있는 액수야. 세상에, 세상에!

다만… 이런 비교가 정말로 도움이 될까? 우리는 달이 멀리 떨어져 있다는 걸 알아.
그래서 달을 향해 뻗어 나가는 10달러짜리 지폐 더미가 엄청난 액수라는 것도 알 수 있어.
하지만 엄청난 액수라는 건 이미 아는 사실이잖아? 30조 달러가 어마어마하다는 건
복잡한 수학적 계산이 없어도 알 수 있어.✦

게다가 만일 다른 비교 방식을 사용한다면? 달이 아니라 우주를 향해 뻗어 나가는 지폐
더미라고 한다면? 또는 달이 아니라 태양을 향해 뻗어 나가는 지폐 더미라고 한다면?
네가 느끼기에 뭔가 다른 것 같아?

✦ 또 한 가지, 이 더미에 지폐가 몇 장이나 들어갈까? 예를
  들어 1m 높이라면? 1,000장? 100만 장? 일단 이것부터
  알아야 뭐라고 말을 할 수 있어! 사실 1만 장이 조금 안 돼.

아마 전부 다 큰 숫자로 느껴질 거야. 하지만 커다란 차이가 있어. 우주는 62마일 밖에 있는데, 62마일은 100km 정도야. 그래서 우주까지는 어림잡아 말하기에 적당한 거리로 통용되기 시작했어. 달은 24만 마일, 즉 지구로부터 38만km 떨어져 있어. 훨씬 멀어. 그렇다면 태양은? 태양은 1억 마일, 즉 1억6,000만km 떨어져 있어.

이런 비교는 정말이지 하나도 도움이 안 돼. 우리가 듣기에 '쌓으면 우주에 닿는다'는 '쌓으면 달에 닿는다' '쌓으면 태양에 닿는다'와 같아. 그런데 우주와 달의 거리는 62마일과 1억 마일의 차이야. 가능할 수 없을 정도로 큰 차이지. 62초는 1분을 조금 넘을 뿐이지만, 1억 초는 3년이 넘어. 누가 생일 선물로 현금을 준다고 하면 62펜스는 많은 돈이라고 할 수 없지만, 1억 펜스는 100만 파운드나 돼. **어마어마한 차이**야.

'우주까지'와 '태양까지'의 차이는 그다지 명확하지 않아. 처음에는 우주까지 닿는 지폐 더미라는 비교가 무척 분명하고 생생한 설명인 것처럼 느껴져. 하지만 우리가 상황을 명확히 파악하는 데는 도움이 되지 않아. 애초에 우리가 명확하게 파악하도록 돕기 위해 고안된 비교가 아니거든. 오히려 우리의 미숙한 브레인 가드가 호기심을 가지고 흥분하거나 분노하도록 만들기 위해 설계된 것들이야. 한마디로 거짓 실마리라고 할 수 있어. 생생하지만 의미 없는 비교로, 우리가 진실에서 눈을 돌리게 만들어.

우리는 더 나은 비교를 찾을 수 있어. 영리하고 재치 있는 진실 탐정이 되려면 올바른 비교 방법을 알아야 해.

좋은 비교는 우리가 세상을 더 명확하게 볼 수 있도록 도와줘. 나쁜 비교는 우리를 혼란스럽게 만들지. 그럼 어떻게 해야 좋은 비교를 할 수 있을까? 달까지 닿을 수 있는 달러 지폐 더미가 아니라 1인당 달러를 기준으로 미국의 부채를 나타내 보는 것은 어때?

미국의 부채는 대략 계산해 1인당 약 10만 달러야. (1인당 약 1억3,000만 원이야.) 엄청나지! 이렇게 말하면 대다수 성인이 상황을 충분히 이해할 수 있어. 그런데 이것보다도 더 생생한 정보로 만드는 것도 가능해. 이 돈은 어림잡아 미국인들이 평균적으로 2년에 걸쳐 버는 돈이야.

2년 간의 수입에 해당한다고! 이제 이 액수의 의미가 와닿을 거야. 넌 2년 동안 얼마를 받아? 매주 5파운드의 용돈을 받고 있다면 2년이 약 100주니까 500파운드라고 할 수 있어. 네가 실수로 500파운드짜리 게임기를 망가뜨렸어. 그런데 엄마가 다시 사려면 네 용돈으로 해결하라고 해. **앞으로 2년 내내** 받는 족족 모든 용돈을 게임기를 사는 데 바쳐야 한다는 뜻이야, 저런!

이런 비교를 생각해 내는 데는 시간이 오래 걸려. 그리고 생각해 낸다 해도 달까지 이어지는 돈더미를 얘기하는 것보다 사람들의 눈길을 사로잡기 어렵지. 하지만 문제의 진실을 추적하는 데는 분명 도움이 돼.

가장 도움이 되는 비교는 잘 아는 것과 잘 모르는 것을 연결하는 거야. 자, 공룡은 얼마나 클까? 이때 무작정 큰 숫자를 찾는 건 그렇게 좋은 생각이 아니야. 예를 들어 티라노사우루스의 무게는 성냥개비 5,000만 개의 무게와 엇비슷하다고 말할 수 있어. 이건 사실이야. 하지만 별로 도움이 되지 않지.

성냥개비의 무게를 정확하게 아는 사람은 없어, 다들 '얼마 안 된다'라는 것만 알지. 이 비교에서 얻을 수 있는 정보는 '아주 무거운 어떤 것의 무게가 아주 가벼운 어떤 것의 5,000만 개만큼 나간다'밖에 없어. 너무 도움이 안 돼서 이 내용을 읽는 것만으로도 어처구니없이 느껴져.

익숙한 것을 비교하는 편이 훨씬 나아. 티라노사우루스의 무게는 자동차 네 대와 비슷하고, 길이는 이층 버스보다 길어.[+] 우리는 자동차의 무게가 상당하며 버스가 길다는 사실을 알고 있어. 이제 온 거리를 쿵쿵 울리며 나를 향해 달려오는 티라노사우루스를 손쉽게 상상할 수 있을 거야. 성냥개비 5,000만 개는 잊고, 어서 도망쳐!

길잡이 숫자들

잘 아는 것과 모르는 것을 비교함으로써 좋은 비교를 할 수 있다면, 몇 가지 유용하게 쓰일 수 있는 숫자를 알아두는 편이 좋겠지? 사실 진실 탐정의 도구 상자에는 언제든 척척 꺼낼 수 있는 **길잡이 숫자** 몇 개쯤은 있어야 해.

길잡이 숫자라는 개념은 작가 앤드류 엘리엇 덕분에 널리 알려지기 시작했어. 길잡이 숫자의 몇 가지 예를 살펴보면 다음과 같아.

[+] 그런데 이 버스가 억만장자 85명이 탄 이층 버스라면? 우와 우와! 어떻게 되는 거야? 티라노사우루스와 억만장자 85명이 싸우면 누가 이길까?

길잡이

✦ 미국 인구는 3억3,000만 명이다. 영국 인구는 6,500만 명이다. (그리고 한국 인구는 5,100만 명이지_옮긴이) 그리고 세계 인구는 약 80억 명이다.

✦ 60세 미만 아무 나이나 대보자. 영국에는 그 연령의 인구가 거의 100만 명 있다.

✦ 지구의 둘레는 약 4만 km다. 적도를 따라 잰 둘레와 북극과 남극을 이은 둘레가 조금 다르기는 하지만 큰 차이는 아니다.

✦ 에든버러에서 런던까지의 거리는 차로 약 400마일이다. 뉴욕에서 샌프란시스코까지는 차로 약 3,000마일이다. (그리고 서울에서 부산까지의 거리는 차로 약 250마일(약 400km)이다_옮긴이)

✦ 침대의 길이는 2m다. 이 정보는 방의 크기를 구체적으로 그려보는 데 도움이 된다. 침대 몇 개가 들어가는 크기지?

✦ 미국에서 한 해 생산되는 모든 것의 가격을 합치면 25조 달러다. 영국의 이 금액은 2조5,000억 파운드다.

✦ 영어로 출간된 이 책의 길이를 단어 수로 헤아리면 3만1,543단어다.

✦ 엠파이어 스테이트 빌딩은 높이가 381m다. (그리고 약 100층짜리 건물이다.)

숫자들

이 숫자들을 모두 기억할 필요는 없어. 사실 하나도 기억하지 않아도 돼. 책이나 인터넷으로 언제든 찾아볼 수 있으니까. 나는 이런 길잡이 숫자 몇 개를 머릿속에 넣고 다니는 걸 좋아해. 낯선 숫자를 들었을 때 머릿속에 있는 숫자 중 하나와 비교해 보면 도움이 되거든.

길잡이 숫자를 기억하고 있으면 좋은 비교를 할 수 있어. 그리고 좋은 비교는 우리가 세상을 이해하는 데 도움이 되는 가장 훌륭한 단서 중 하나지.

알아채지 못하는 할머니 수수께끼

내가 어릴 때 우리 할머니는 만날 때마다 이렇게 외치곤 하셨어. "세상에, 이렇게나 자랐네!" 당시 나는 부끄러워했지만, 사실이었다고 생각해. 그런데 내 친구는 할머니한테서 이런 말을 들은 적이 없대. 내 친구가 자라지 않아서였을까?

그럴 리 없지. 친구도 나처럼 자라고 있었어. 하지만 친구네 할머니는 아무 말씀도 하지 않으셨고, 특별하게 알아차린 적도 없으셨던 것 같아.

수수께끼는 이거야. 어떻게 우리 할머니는 내가 자랐다는 걸 항상 알아차리셨고, 내 친구네 할머니는 알아차리지 못하신 걸까?

답은 간단해. 우리 할머니는 멀리 사셔서 자주 만나지 못했어. 다음에 만날 때까지 나는 쑥쑥 자랐어. 하지만 내 친구네 할머니는 친구 집 바로 옆 아파트에 사셨어. 친구네 할머니는 친구를 거의 매일 만났어. "세상에, 어제보다 이렇게나 자랐네!"라는 말씀을 하셨을까? 하지 않으셨지. (그래서 친척들이 네 키를 가지고 호들갑을 떨지 않기를 바란다면 자주 만나야 해.)

매일 단서를 찾으면 1년에 한 번 단서를 찾을 때와 보이는 게 다를 거야. 우리 할머니는 내 친구네 할머니가 들었을 법한 일상적 소식을 많이 놓쳤지만, 친구네 할머니도 우리 할머니가 봤을 단서를 놓쳤어. 친구는 날마다 조금씩 키가 컸지만, 언제나 너무 작은 변화라 눈으로 볼 수 없었어. 하지만 우리 할머니는 내가 자라고 있다는 걸 쉽게 알아차릴 수 있었어. 1년이면 내가 몇 센티미터씩 훌쩍 자라기도 했으니까.

지난해   나   올해

어제   내 친구   오늘

결국 다시 **비교**야. 우리 할머니는 어느 날의 내 키와 그로부터 1년 전의 내 키를 비교했어. 내 친구네 할머니는 어느 날의 친구 키와 그로부터 하루 전의 친구 키를 비교했지. 그러니 친구의 키는 변하지 않는 것처럼 보일 수밖에. 비교의 관점으로 접근하면, 가끔은 덜 자주 볼 때 오히려 더 많이 보인다는 걸 깨닫게 될 거야! 일간 신문에 실려 있는 뉴스는 말 그대로 어제의 뉴스야. 전날 일어난 흥미로운 일에 대한 뉴스가 밤새 인쇄돼 아침 일찍 우리 집 앞으로 배달되는 거야.

그런데 모든 신문이 매일 발행되는 건 아니야. 뉴스 웹사이트와 TV 뉴스는 새로운 소식이 발생하는 즉시 뉴스를 업데이트하곤 해. "새로운 소식 없어?" 하고 물을 때 우리는 "지금 막 일어나고 있는 일은 뭐지?" 또는 "지난 30분 동안 일어난 일 중 가장 중요한 일은 뭐지?"에 대한 답을 기대하곤 해.

영국에서 〈위크 주니어〉, 〈이코노미스트〉, 〈퍼스트 뉴스〉 같은 신문들은 일주일에 한 번씩 발행돼. 우리 할머니를 친구네 할머니와 비교했을 때와 마찬가지로, 주간 신문은 일간 신문이나 1시간마다 방영되는 TV 뉴스 프로그램과 비교해 다른 질문을 하고 다른 답을 얻고 있을 거야. 무엇이 뉴스가 되는지는 새로운 소식을 얼마나 자주 묻느냐에 달려 있으니까, 안 그래?

우리는 빠르면 빠를수록 좋다고 생각하곤 해. "지금 어떤 일이 벌어지고 있지?"는 "이번 주에 무슨 일이 있었지?"나 "올해 무슨 일이 있었지?"와는 다른 질문이야. 하지만 무조건 더 나은 질문인 것은 아니지. 속도를 늦출 때 더 많은 걸 배우는 경우도 있어.

⟨50년 신문⟩

50년에 딱 한 번 나오는 신문을 상상해 봐. 어떤 기사가 실려 있을까? 통상적인 '뉴스'가 실리지는 않을 거야. 유명인들에 대한 가십, 음악 차트, TV 프로그램에 대한 리뷰 같은 것들은 기억도 안 날 거야. 사람들이 일자리를 구할 수 있었는지나 시험 결과, 또는 어느 정치인이 선거에서 승리했는지와 같이 좀 더 중대한 뉴스도 50년을 단위로 바라보면 꽤 사소하게 보이지. 축구 소식란은 여간 쓸모가 없는 게 아닐걸?

'맨체스터 유나이티드와 리버풀이 많은 승리를 거머쥐었다.'

하지만 ⟨50년 신문⟩을 엉뚱한 아이디어로 치부하기 전에, 이 신문이 어떤 종류의 기사를 다룰 수 있는지 생각해 봐. ⟨50년 신문⟩의 1면은 무슨 내용일까? '기적처럼 안전해진 인류의 어린 시절' 같은 기사도 가능해. 생각만 해도 속상하지만, 예전에는 어린아이들이 많이 죽었어. 정말 많은 어린아이가 죽었어.

30명의 어린이를 위한 학교 교실을 떠올려봐. 30개의 의자가 마련돼 있을 테지. 100년 전에는 그 의자 중 10개가 비어 있었을 거야. 전 세계적으로 30명의 아이가 태어나면 그중 10명은 학교에 입학할 때까지 생존하지 못했기 때문이야. 질병이 너무 많았고, 치료할 방법은 정말 없었어.

50년 전에도 여전히 상황이 나빴지만

상당히 나아졌어. 30명의 아이들을 위한 교실에서 빈자리는 서너 개 수준으로 줄었거든.

오늘날에는 빈자리가 단 하나야. 한때 대다수 가정을 비극에 빠뜨렸던 일이 지금은 그렇게 빈번하게 발생하지 않아. 선진국에서 그 같은 비극은 더욱 드문 일이고 말이야. 굉장한 뉴스지! 어린아이가 죽는 것은 세상에서 가장 나쁜 일 중 하나야. 그런데 그 끔찍한 일이 100년 전에 비해 오늘날에는 거의 열 배 줄었어.

일간 신문은 이 좋은 뉴스를 어떻게 보도해야 할지 몰라. 하루하루에는 이 일이 결코 새로운 것처럼 보이지 않거든. 하지만 천천히, 천천히 이 일은 세상에서 가장 중요한 (그리고 멋진) 이야기 중 하나가 됐어. 〈50년 신문〉에서는 1면에 실릴 수 있는 뉴스야. 당연히 그래야지!

평범한 신문보다 〈50년 신문〉이 더 밝은 내용으로 가득할 거라고 느끼는 사람도 있을 거야. 그 생각이 맞을지도 몰라. 아마도 나쁜 일이 일어난다면 대체로 갑자기 일어나기 때문인 것 같아.

좋은 일(어떤 질병의 치료법이 개발되거나 새로운 과학 지식이 발견되거나 억압받고 있던 사람들의 인권이 회복되는 것과 같은 일)이 일어나는 데는 오랜 시간이 걸려. 만약 매일 혹은 매시간 뉴스를 확인한다면 나쁜 일만 일어나는 것처럼 보일 거야. 그러나 보다 서서히, 또 더욱 중요하고 강력한 형태로 좋은 일도 일어나고 있어. 이 일들은 일반적인 뉴스 기사로 채택되기에는 너무 천천히 일어나. 하지만 뒤로 물러서서 긴 역사를 바라본다면, 적잖은 사람들에게 많은 것이 더 나은 방향으로 바뀌어 왔다는 것을 알 수 있을 거야.

가난에 대해 생각해 봐. 세계적으로 얼마나 많은 사람이 극심한 빈곤에 처해 있을까? 브룬디의 카부라 가족을 다시 떠올려보자. 카부라 가족은 극심한 빈곤에서 살아가는 가족이야. 이들은 종종 배고픔을 겪을 거야. 생존의 기본이라고 할 수 있는 주거 공간은 있을 거야. 아마도 방이 한 칸에 바닥은 흙바닥인 오두막일 테지. 하지만 침대나 수도 설비, 제대로 된 화장실, 전기 설비 같은 것은 없을 거야.

50년 전에는 세계 인구의 절반 정도가 이 같은 조건에서 살아야 했어. 지금은 10명 중 한 사람에 불과해. 수십 억 명이 더 나은 삶을, 더 안전하고 더 편리하고 더 존엄한 삶을 살게 된 건 거대한 변화야. 하지만 일간 신문에 이 사실을 어떻게 보도할 거야? 이렇게 쓸 수도 있을 거야.

어제 약 15만4,000명이 빈곤에서 벗어났다!

진실은 진실이지. 지난 30년 동안 매일 진실이었을 거야. 그러나 뉴스라고는 할 수 없어.

화살의 역설

'무엇이 뉴스가 되고 무엇이 뉴스가 되지 않는가'를 묻는 이 질문을 보면 떠오르는 유명한 역설이 있어.

제논은 약 2,500년 전 살았던 철학자로 여러 가지 역설을 내놓았어. 그중에서도 유명한 화살의 역설에서 제논은 날아가는 화살을 떠올려보라고 해. 자, 이번에는 순간적으로 얼어붙은 시간을 상상해 봐, 그리고 허공에 걸린 화살을 봐. 화살이 움직여? 아니, 왜냐하면 그 순간 이동할 시간이 없으니까. 0시간 동안 움직일 수 있는 것은 아무것도 없어.

제논은 허공을 가르는 화살의 여정은 이 같은 순간들로만 이루어져 있다고 말해. 그런데 화살이 어느 순간에도 움직이는 게 아니라면, 전혀 안 움직이는 것 아니야?

사람들은 제논이 내놓은 화살의 역설에 대해 오랫동안 논쟁해 왔어. 이 역설을 보고 곧바로 '말도 안 되는 얘기야, 당연히 화살을 쏘면 움직이지'라고 생각했다면, 맞아, 제논의 논리에는 착오가 있어.

나에게는 이 모든 내용이 **나쁜** 비교로 귀결돼. 지금의 화살 위치와 바로 동시의 화살 위치를 비교하면 당연히 움직이는 게 보일 리 없어. 하지만 시간을 조금 두고 보면 화살이 움직이는 게 보여. 기후 변화, 빈곤 퇴치, 심지어 내 친구의 할머니가 친구가 자랐다는 걸 알아차리지 못한 것도 마찬가지야. 충분한 시간을 두고 보지 않고 너무 자주 보면, 조금만 더 인내심을 가졌다면 명확해졌을 단서들을 놓칠 수 있어.
그러나 〈50년 신문〉에서는 빈곤으로부터의 탈출이 확실히 뉴스가 되겠지.

빈곤은 과거가 됐다!

〈50년 신문〉이라면 1면이 이렇게 장식될 거야. 완전한 진실은 아닐 수 있어. 세상에는 여전히 가난한 사람들이 많으니까. 하지만 거의 진실이라고도 할 수 있어. 신문 편집자가 신이 나

헤드라인으로 삼기에는 충분히 진실이거든.

흥미롭지 않아? 일간지나 주간지에서 빈곤 탈출은 뉴스거리가 아니지만, 〈50년 신문〉에서는 헤드라인이 될 수 있어. 그리고 멋진 뉴스이기도 해.

하지만 50년 뉴스에도 좋은 내용만 실리는 것은 아니야. 기후 변화에 관한 뉴스는 나쁜 내용일 거야. (헤드라인: 석탄 연소, 끔찍한 발상으로 판가름 나다!) 지난 50년 동안 우리는 석탄, 석유, 그 밖의 화석 연료를 태우면 기후가 얼마나 바뀔 수 있는지 깨달았어. 그리고 기온이 서서히 상승하는 것도 측정할 수 있었어. 기후는 날마다 변하지 않아. 날씨가 날마다 변하지. 그렇기 때문에 일간지나 주간지에서는 기후 변화에 대한 뉴스를 싣기가 까다로워. 그래서 주로 기후 문제와 관련된 과학 보고서나 국제회의, 또는 그레타 툰베리 같은 기후 활동가에 관한 기사가 실려. 그것도 필요한 기사야. 하지만 진짜 이야기를 알고 싶다면, 50년 뉴스를 봐야 해.

진실을 이해하려면 좋은 비교를 할 수 있어야 해.

✦ 쌓으면 달까지 갈 수 있을 만큼 많은 돈이라는 등의 극적 비교를 내세우는
  사람들이 많아. 이런 식의 비교는 브레인 가드를 사로잡을 수 있을지 몰라도,
  우리가 진실을 이해하는 데는 방해가 돼.

✦ 비교를 잘하려면 우리가 잘 아는 것과 잘 모르는 것을 비교해야 해. 그럴 때
  세상에 대한 이해가 깊어지고 말고!

✦ 자신이 사는 나라의 인구수나 침대 길이 같은 길잡이 숫자를 기억해 두면
  좋아. 그런 숫자들은 우리가 어떤 정보를 듣자마자 신속하고 현명하게
  생각하도록 해주거든.
  (게다가 가족이나 친구들 앞에서 그런 걸 안다고 뽐낼 수도 있어.)

✦ 숫자를 외우기 싫으면 비교해 볼 일이 있을 때 검색을 하면 돼.

✦ 할머니 수수께끼를 잊지 않도록! 친구의 키, 스마트폰 화면, 지구의 기후 등
  무엇이든 똑같은 걸 매일 보면 중요한 변화를 놓칠 수 있어. 1년 또는 10년,
  나아가 50년에 걸쳐 비교한다면 더 나은 단서와 가장 중요한 이야기가
  모습을 드러낼 거야.

✦ 딱 한 가지 비교만 머릿속에 넣어두고 싶다면 이게 좋겠어. '배트맨의
  몸무게는 프레도 초콜릿 5,275개와 같다.' (배트맨 레고 인형은 이야기가 달라.
  프레도 1개의 무게는 배트맨 레고 인형의 4.5배야.)

3부

?

?

?

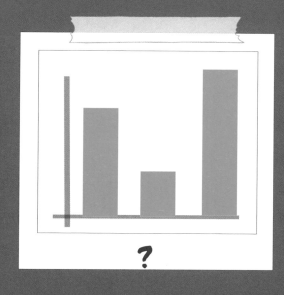

어려운 문제를
해결하는 방법

이제 우리에게는 진실 탐정의 마음가짐, 그리고 진실 탐정의 기술이 생겼어. 지금부터는
진실 탐정으로서 맞닥뜨릴 수 있는 가장 까다로운 상황을 헤쳐나가는 방법에 대해
살펴보려고 해. 분명 내가 사건을 해결했는데 아무도 날 믿어주지 않는다면? 도저히 단서를
찾을 수 없어서 조사를 시작할 수조차 없다면? 하지만 모두 해결하지 못할 문제는 아니야.
그러니 손이 닿는 곳에 돋보기를 두고 계속해서 이 책을 읽어봐.

플로렌스 나이팅게일의 비밀 행적

플로렌스 나이팅게일은 간호사로 아주 유명하지. 영국 정부는 코로나19 팬데믹 기간에
마련한 응급 병원의 이름을 나이팅게일이라고 짓기도 했어. 그런데 진실 탐정에게
나이팅게일은 다른 이유로 유명해. 나이팅게일은 데이터를 그림으로 바꾸면 세상을 이해할
수 있을 뿐 아니라 '세상을 바꿀 수 있다는 것'을 제일 처음 이해한 사람이야.

그렇다면 나이팅게일은 어떤 변화를 꿈꿨을까?? 모든 건 1850년대의 야전 병원에서
시작됐어. 당시 영국은 러시아와 전쟁 중이었고, 나이팅게일은 여러 야전 병원을 관리했어.

현장의 실태는 참혹했어. 부상병을 치료할 장비도, 제대로 먹일 음식도 없었지.
나이팅게일은 그곳을 주저 없이 '지옥의 왕국'이라 칭하고, 본국에서는 그곳이 얼마나
열악한지 상상도 할 수 없을 것이라고 보고했어. 콜레라 같은 질병으로 사망하는 사람이
총에 맞거나 칼에 찔린 부상으로 사망하는 사람보다 훨씬 많았거든. 나이팅게일과 동료
간호사들은 매일 병사들이 죽는 것을 눈앞에서 지켜봐야 했어.

그렇게 몇 달 뒤, 나이팅게일은 어느 정도 지원을 확보할 수 있었어. 병원들의 위생 상태를 대대적으로 개선하기 위해 런던에서 청소팀이 도착했어. 이들은 벽을 소독하고 방치돼 있던 오물을 치웠어. 가장 큰 병원에서는 하수관에서 말의 사체가 발견되기도 했어. 이 하수관에서 샌 물이 식수로 연결되기도 했지. 세상에! 청소팀이 청소한 뒤에는 병원이 깨끗하고 편안한 곳이 됐어. 그런데 나이팅게일은 사망하는 군인의 수가 줄어들어 더욱 안전한 곳이 됐다는 데도 주목했어.

러시아와의 전쟁이 끝나고, 나이팅게일은 런던으로 돌아왔어. 그리고 두 가지 일을 해야 했어. 첫째는 자신이 관리한 병원들에서 벌어진 참사를 이해하는 것이고, 둘째는 그로부터 전 세계가 교훈을 얻을 수 있도록 설득하는 것이었어.✦

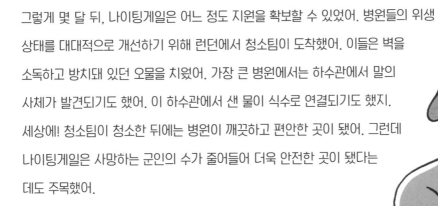

✦ 런던으로 돌아온 나이팅게일에게 빅토리아 여왕은 켄싱턴 궁전의 호화로운 방에서 머물도록 제안했어. 현재 윌리엄 왕자 부부가 관저로 삼고 있는 곳이 켄싱턴 궁전이야. 하지만 나이팅게일은 저렴한 호텔에 머물기로 결정했고, 그곳에 사무실을 차리고 연구와 캠페인 활동을 시작했지. 켄싱턴 궁전에서 지내면 손님도 많고 일에 방해가 될 것이라고 생각했거든. 너라면 궁전에 머물 기회가 주어졌는데 "죄송해요, 하지만 일에 집중하고 싶어서요"라고 대답할 수 있겠어?

플로렌스 나이팅게일의
진실 탐정 부대와 적들

첫 번째 사명은 어렵지 않게 완수할 수 있었을 듯해. 군인들이 죽은 건 세균 때문 아니야?
그리고 런던에서 온 지원팀의 활동으로 세균이 제거된 덕분에 상황이 나아졌잖아?
맞아, 너도 알고, 나도 알지. 하지만 1855년의 나이팅게일은 그 사실을 몰랐어. 실은
나이팅게일뿐만 아니라 아무도 몰랐어. 세균이라는 개념은 그로부터 수년 후에나
정립되거든.

대신 나이팅게일은 얼마나 많은 군인이 사망했으며, 이들의 사망 원인이 부상인지 아니면
질병인지에 관한 자료를 철저히 수집했어. (간단한 일이 아니었어. 나이팅게일이 오기 전까지
영국 육군은 기록을 관리하는 데 소홀했거든. 그래서 사망 원인에 대한 조사는커녕 사망자 수도 제대로
집계되지 않았어.) 그리고 이 숫자들은 오늘날 우리가 상식적으로 당연하다고 생각하는 것,
즉 병원에서 동물의 사체와 오물을 치움으로써 수많은 생명을 구했다는 사실을
뒷받침해 줬어.

작은 팀을 이루게 된 진실 탐정 친구들과 함께 나이팅게일은 군인, 나아가 일반인을
대상으로 질병과 건강에 대한 정보를 계속해서 수집했어. 그렇게 얻은 결과를 확인한
나이팅게일은 두려움에 떨 수밖에 없었어. 수많은 군인이 질병 때문에 어린 나이에 죽고
있었어. 영국 전역, 특히 인구가 밀집된 도시에서도 같은 결과가 발견됐지.
"인생이 가혹하다. 젊어서 죽는 사람이 너무 많다." 당시 사람들이 흔하게 하는 말이었어.

영국의 의료 총책임자였던 존 사이먼 박사는 전염병이 "모든 문명국에서 발견되는 조기 사망 원인"이라며 그로 인한 사망에 대해 "현실적으로 피할 수 없다"라고 말했어. 사이먼은 영국에서 제일 높은 자리에 있는 의사였어! 그는 "질병으로 사망하는 사람은 늘 있는 법이고, 우리가 할 수 있는 것은 아무것도 없다"라고도 했어.

나이팅게일은 이 생각이 틀렸다고 확신했어. 영국이 병원과 병영, 가난한 사람이 모여 살 수밖에 없는 곳을 대대적으로 청소하고 위생 문제를 해결한다면, 많은 이의 목숨을 구할 수 있다고 믿었어. 나이팅게일은 영국이 러시아와 전쟁을 하는 동안 야전 병원에서 이 사실이 증명됐음을 보여주는 설득력 있는 단서들을 모았어. 야전 병원에서 그랬다면 다른 곳에서도 적용되지 않겠어?

나이팅게일은 이렇게 말했어. "자연의 이치는 어디에서나 똑같다. 누구도 대가 없이 벗어날 수 없다." 야전 병원이 불결해서 군인들이 죽었다면, 집에서의 더러운 환경 또한 많은 사람을 죽음으로 몰고갈 수밖에 없다는 뜻이야.

따라서 세상을 바꾸겠다는 두 번째 사명을 완수하려면 나이팅게일은 대단한 권력을 갖고 있으면서 아무것도 바꿀 필요가 없다고 생각하는 사람들, 즉 사이먼 박사를 비롯한 여러 의사와 장군들에게 맞서 싸워야 했어. 다행히 나이팅게일에게는 특별한 비책이 있었어. 바로 '파이 그래프'야.

진실 탐정

플로렌스 나이팅게일은 1820년 이탈리아 플로렌스(피렌체)에서 태어났어. (나폴리에서 태어난 언니의 이름은 나폴리의 옛 지명을 딴 파세노프지. 영국 밴즐리나 버밍엄에서 태어났다면 두 사람의 부모님이 어떤 이름을 지었을지 궁금해.)

좋은 학교에 갈 수 있는 사람이 거의 없고, 좋은 학교에 갈 수 있는 여자아이는 그보다도 더 없었던 시대에 나이팅게일은 운이 좋았어. 부유한 가정에서 태어난 데다 부모님이 자녀들에게 최고의 교육을 주고자 했거든. 나이팅게일은 특히 수학에 관심이 많았어. 아홉 살에 정원에서 과일과 채소에 대한 통계 자료를 수집하고, 데이터 표로 정리했을 정도야.

나이팅게일은 10대 때 저녁 식사 자리에서 손님으로 온 저명한 수학자들을 만나기도 했어. 그중에는 최초로 컴퓨터를 고안한 인물인 찰스 배비지도 있었어. 나이팅게일은 간호사가 됐어. 하지만 전쟁을 경험한 후 세심하게 숫자를 수집하는 열정을 살려 자신의 크나큰 무기로 삼았어.

플로렌스
나이팅게일

그리고 나이팅게일은 통계 수치가 자신이 담당한 병원들에서 사망한 군인 한 사람 한 사람을 의미한다는 걸 잊지 않았어.

이 군인들은 종종 전쟁의 재앙 속에서 잊힌 듯했지만, 나이팅게일은 사망한 군인이 있으면 언제나 그의 가족들에게 직접 편지를 써서 부치곤 했어. 큰 그림을 놓치지 않는 것도 중요해. 하지만 한 사람 한 사람도 중요하거든. 나이팅게일은 이 사실을 잘 알았어.

러시아와의 전쟁 동안 병에 걸린 나이팅게일은 35세의 나이에 거의 죽을 뻔했어. 이후에도 완전히 회복할 수 없었기 때문에 대부분의 캠페인 활동을 침대에서 편지를 통해 지휘했어. 하지만 나이팅게일은 90세까지 살았고, 자신의 생각이 세상을 변화시키는 모습을 볼 수 있었어.

영국 여왕이 관심을 가지도록 설득한 방법

나이팅게일의 문제는 간단했어. 여성이기 때문에 사람들이 말을 제대로 들어주지 않는다는 것이었지. 물론 나이팅게일은 러시아와의 전쟁 동안 영국 군인들을 돌본 성자와 같은 간호사라는 명성을 높이 떨치고 있었어. 빅토리아 여왕을 제외하면 대영제국에서 가장 유명한 여성이었어. 그리고 나이팅게일에게는 영향력 있는 친구들, 즉 자신을 도와줄 유력 정치인이나 과학자들이 있었어. 당시 나이팅게일은 남성의 세계에 뛰어든 한 사람의 여성이었어. 아무리 유명한 간호사라 해도 장군과 의사들이 나이팅게일의 말에 귀 기울여줄 거라고 기대할 수 없었지. 개탄스러운 현실이었어. 하지만 나이팅게일에게는 해결책이 있었어. 1857년 크리스마스, 나이팅게일은 친구에게 보낸 편지에서 이 싸움에서 이길 방법을 설명했어. 바로 숫자를 그림으로 바꾸는 거야.

나이팅게일은 자신이 만든 데이터 다이어그램이 누구도 무시할 수 없는 이야기를 전달할 것이라고 말했어. 또 고위급 의사와 장군들이 액자에 끼워 벽에 걸게 될 것이라고 덧붙였지.

나이팅게일은 자신이 만든 그림을 빅토리아 여왕을 비롯해 유럽 전역의 왕과 여왕에게도 보냈어. 의회의 최고위 의료 정책 담당자와 수많은 신문과 잡지사에도 보냈어. 빅토리아 여왕은 너무 바빠 많은 걸 읽지 않았어. 하지만 나이팅게일은 자신의 보고서는 예외가 될 것이라고 생각했어. '그림이 있기 때문에 눈길을 끌 것'이라고 믿었지.

숫자가 아름답게 보이도록 만들 것

오늘날 데이터를 그림으로 나타내는 것은 무척 일반적인 일이야. 학교에서 막대그래프나 파이 그래프를 그려본 사람들도 많을 거야. 다이어그램은 백과사전이나 뉴스에도 곧잘 등장하고, 소셜 미디어에서 입소문을 타고 널리 퍼지기도 해. 당연하지. 그래프는 과학적이면서 보기에도 좋거든. 엄연한 사실과 아름다운 장식 사이 최적의 지점에 있다고나 할까.

그런데 나이팅게일이 자신의 목적을 이루기 위해 싸우던 1850년대에는 통계라고 하면 커다란 표에 숫자를 가득 채운 복잡하고 따분한 자료가 전부였어. 단순히 표가 아니라 그래프로 데이터를 제시하는 것은 대단히 이례적인 일이었지. 하지만 그렇게 함으로써 데이터는 생생히 드러났고 나이팅게일은 결국 세상을 바꿨어.

세상을 바꾸고 싶어? 어떤 부분을 바꾸고 싶어? 세상 사람들이 어떤 행동을 바꾸면 좋을 것 같아? 어떤 정보를 수집하고 싶은지 따져봐. 일상에서 출발한 문제일 수도 있어. 스마티스 초콜릿(여러 가지 색깔의 단추 모양 초콜릿이 튜브에 들어 있는 제품)에 오렌지색이 더 많이 들어 있으면 좋겠다는 바람 같은 것 말이야. 아침 시간 차량 통행량과 같은 지역 사회 문제일지도 모르겠어. 또는 기후 변화나 전쟁처럼 국제적인 문제일 수도 있어. 어떤 숫자를 써야 할까? 또 어떻게 해야 설득력 있는 그림으로 변환할 수 있을까?

나이팅게일은 어떻게 이 일을 해냈을까?
- 죽음의 장미

나이팅게일이 작성한 가장 유명한 그래프의 제목은 '동부 지역 육군의 사망 원인 다이어그램'이야. 흔히 '장미 다이어그램'이라고 불려. 데이터를 시각화한 최초의 사례는 아니지만, 엄청난 영향력을 발휘한 초기 사례로 평가받고 있어. 나이팅게일이 장미 다이어그램을 고안한 지 160년이 흐른 지금, 우리는 시각화된 데이터를 어디에서나 접할 수 있지. 소셜 미디어에서 공유되는 간단한 차트부터 애니메이션 그래프, 게임 속 세상에서처럼 내부를 자유롭게 살펴볼 수 있는 3차원 상호작용형 그래프까지 있어. 중대한 데이터(2020년 전 세계로 확산된 코로나19 감염자 그래프)부터 가볍고 재미있는 데이터(잉글랜드와 웨일스에 있는 모든 주요 크리켓 경기장의 모양과 구장의 경계선까지의 거리를 보여주는 대화형 차트 또는 스마티스나 엠엔엠 한 통에 들어 있는 초콜릿의 색깔별 분포도)까지 어떤 종류의 데이터라도 그래프로 나타낼 수 있어.

그러면 숫자는 그림으로 생생하게 살아나.

이 모든 일의 시작이 된 나이팅게일의 그래프는 사이먼 박사가 감염병으로 인한 죽음은
피할 수 없다고 선언한 이듬해인 1859년에 세상에 공개됐어.

동부 지역 육군의 사망 원인 다이어그램

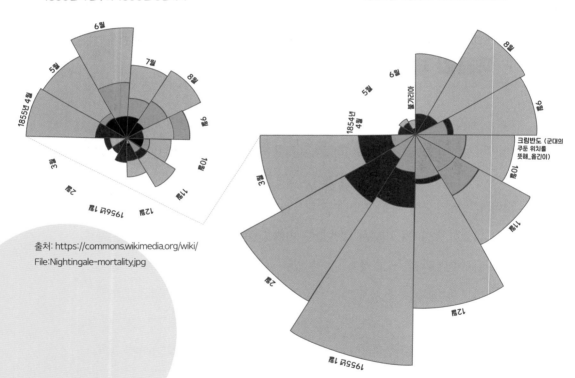

1855년 4월부터 1856년 3월까지

1854년 4월부터 1855년 3월까지

출처: https://commons.wikimedia.org/wiki/
File:Nightingale-mortality.jpg

나이팅게일의 장미 다이어그램은 파이 그래프의 복잡한 버전이야. 다이어그램의
각 부채꼴은 영국과 러시아 전쟁 시기의 각 달을 가리켜. 두 개의 나선형이 저마다
1년 12달을 보여주고 있어.

자세히 보면 오른쪽의 큰 나선형이 전쟁 1년째를, 왼쪽의 작은 나선형이 전쟁 2년째를 나타내. 부채꼴 크기의 의미는 끔찍해. 그달에 사망한 군인의 수야. 주황색은 부상에 의한 사망, 검은색은 사고에 의한 사망, 회색은 질병에 의한 사망을 의미해.

우리는 곧바로 두 가지 사실을 알 수 있어. 첫째, 질병이 가장 큰 사망 원인이었다는 거야. 전장에서 입은 부상보다 질병 때문에 사망한 군인이 훨씬 더 많았어. 둘째, 사망자는 대부분 전쟁 첫해에 발생했다는 거야. 둘째 해에는 상황이 훨씬 나아졌어.

이것이 바로 나이팅게일이 하고 싶었던 이야기야. 두 부분으로 된 이야기지. 이야기 전반은 질병에 의한 죽음으로 가득한 비극이야. 그리고 후반은 놀라운 회복에 관한 이야기지. 사망자 수가 획기적으로 줄어들었거든. 질병으로 인한 죽음은 막을 수 있는 죽음이었던 거야! 이야기의 두 부분은 다이어그램 디자인 덕분에 완벽하게 나뉘어 있어.

또 무엇이 이야기를 두 부분으로 나누었을까? 바로 **청소팀**이야. 이들은 병원의 벽을 닦고, 오물을 내다 버리고, 상하수도 설비에서 동물의 사체를 치웠지.

청소팀은 전쟁의 첫해가 끝날 무렵 도착했어. 즉, 나이팅게일의 다이어그램 두 부분은 청소팀이 오기 **전**과 **후**로 자연스럽게 구별돼. 이보다 더 알기 쉬운 이야기도 찾기 어려울 거야. 나이팅게일의 적들은 아무리 불만스러워도 자신들이 논쟁에서 졌다는 걸 인정할 수밖에 없게 됐지.

그래프 vs. 브레인 가드 - 조심해!

진실 탐정으로서 우리는 말쑥한 그래프를 만나면 일단 조심해야 해. 그래프 중에는 고의로 우리를 속이기 위해 작성된 것들도 있거든. 또 부주의하게 작성돼서 의도치 않게 우리가 오해하게 만드는 것들도 있지.

사람들은 그래프를 보면 아주 빠르게 결정을 내려. 가끔은 너무 빨리 내리기도 해. 한 연구에 따르면 사람들은 0.5초면 그래프에 대한 의견을 정한대. 0.5초는 그래프가 말하는 것을 이해하기에 충분한 시간은 아니지만, '엉망진창이네' 또는 '우와, 멋지다!' 같은 생각을 하기에는 충분하지. 또 다른 연구에 따르면 증거가 그래프 형태로 제시되면 숫자로 가득한 표로 제시될 때보다 사람들이 설득될 가능성이 높다고 해. 브레인 가드 기억나? 브레인 가드는 멋진 그림을 정말 좋아하지.

우리는 어떤 그래프를 보고 성급하게 판단하는 경향이 있어, 그래서 속도를 늦추고 이 책에
나오는 조언을 따르는 게 중요해. 가만히 생각해 봐. 내 브레인 가드가 멋진 그림에 속고 있는
건 아닐까? 이 그래프를 구성하는 숫자의 내막은 무엇일까? 렌즈가 어디를 가리키고 있지?
다른 곳을 가리킬 수도 있을까? 이 그래프에 표현돼야 하는데 누락된 숫자는 없을까?
분명 생명을 구하는 그래프도 있지만, 우리를 잘못된 방향으로 이끄는 그래프도 있어.
그러니 속임수에 넘어가지 않도록 조심해야 해.

모든 그래프에 이야기가 있는 것은 아니다

다른 사람을 설득하고자 할 때 그래프는 큰 도움이 돼. 진실 탐정으로서 우리는 주위의 숫자에서 단서를 모으는 방법을 배웠어. 나이팅게일도 신중하게 숫자들을 모아 정리하는 데 탁월했어. 그런데 주장을 관철하려 애쓰는 과정에서 나이팅게일은 자신이 숫자로 이야기를 전하는 데도 탁월하다는 사실을 증명했어.

나이팅게일의 장미 다이어그램은 데이터를 보여주는 전통적 방식이 아니야. 막대그래프 같은 것이 더 일반적으로 사용되는 방식이지. 하지만 나이팅게일의 데이터를 막대그래프로 표현하면 장미 다이어그램이 하는 이야기를 하지 않아.

이 막대그래프에도 장미 다이어그램과 똑같은 데이터가 포함돼 있어. 하지만 그 효과는 달라. 이 막대그래프를 조금만 유심히 살펴보면 나이팅게일이 얼마나 영리한지 깨달을 수 있을 거야. 정확하게 말하자면 엉큼한 구석이 있는 영리함이랄까. 막대그래프를 보면 가장 추울 때, 즉 12월과 1월, 2월에 얼마나 상황이 심각했는지 알 수 있어.
그런데 3월에 청소팀이 도착하기 전에도 상황이 상당히 나아졌다는 게 눈에 들어올 거야.

이 그래프에서 우리는 '차이를 만든 게 정말로 청소 팀인가?' 또는 '질병의 요인이 추운 날씨는 아니었을까?' 같은 질문들을 떠올리게 돼.

아무리 나이팅게일의 주장, 즉 질병은 세균 때문에 발생했고 청소팀이 그 세균을 제거함으로써 많은 목숨을 구했다는 주장이 전적으로 옳아도, 막대그래프는 숫자만으로는 충분한 설득력이 없다는 사실을 보여주지.

* 이 막대그래프의 출처는 휴 스몰의 논문 〈플로렌스 나이팅게일의 하키 스틱: 장미 다이어그램의 진짜
메시지〉야.
출처: http://www.florence-nightingale-avenging-angel.co.uk/Nightingale_Hockey_Stick.pdf

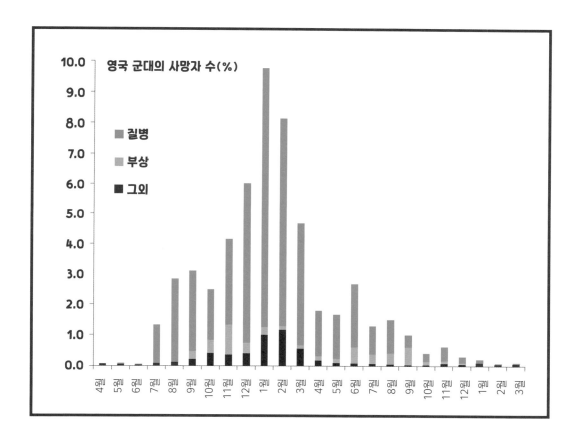

장미 다이어그래보다 복잡한 게 사실이고 말이야. 그래서 나이팅게일은 이 숫자들을
이야기가 담긴 그래프로 만들어 힘을 실었어. 아무도 나이팅게일을 비난할 수 없을걸?

나이팅게일은 논쟁에서 이겼어. 영국 정부는 사람들이 더욱 깨끗한 물, 깨끗한 집,
깨끗한 공기를 향유할 수 있도록 보장하는 새로운 법을 통과시켰지. 그러자 사람들의 수명이
길어지기 시작했어. 질병도 줄어들었지. 마침내 과학자들은 세균을 발견했고,
위생과 관련한 나이팅게일의 주장 대부분이 옳았다는 것이 입증됐어.

**심지어 사이먼 박사도 조용히 자신의 입장을
바꿨어. 이게 바로 다이어그램의 힘이야.**

적절한 데이터는 생명을 구할 수 있어. 리처드 돌과 오스틴 브래드퍼드 힐이 흡연과
폐암 사이의 관계를 발견하고 이 사실을 알려줬어. 그런데 두 사람보다 한 세기 앞서
나이팅게일도 그 사실을 알려줬던 거야.

다음 장에서는 단서가 부족할 때 직접 데이터를 만드는 방법을 살펴보려고 해.

비법, 전술,
도구

분류 완료

✦ 그래프는 사람들의 관심을 순식간에 사로잡아. 그리고 일단
  관심을 사로잡는 데 성공하면 강력한 메시지를 전달할 수 있어.

✦ 그래프를 작성할 때는 그 그래프를 통해 어떤 이야기를 드러낼 수
  있는지 생각해야 해. 그래프에 이야기가 없으면 다른 그래프를
  찾아야 할 거야.

✦ 그래프를 읽을 때는 신중해야 해! 우리의 브레인 가드는 멋들어진
  그래프를 좋아하지. 눈앞의 그래프가 어떤 그래프인지 속도를
  늦추고 곰곰이 따져봐.

✦ 나이팅게일을 건드릴 생각은 안 하는 게 좋아!

정보는 최고의 무기

1935년, 유럽에는 위험한 기운이 감돌았어. 제1차 세계 대전 때 벌어진 끔찍한 학살의 기억이 생생하게 남아 있는 상태에서 아돌프 히틀러가 독일군을 재건하자, 많은 사람이 두 번째 세계 대전이 일어날 것을 염려했어. (그리고 일어났지.)

영국은 최신 과학 기술을 이용해 새로운 무기를 개발하는 데 박차를 가했어. 공군성은 과학의 힘으로 독일 폭격기를 격추하는 일종의 '살인 광선' 개발이 가능한지 관심을 가졌고[✦] 과학자 로버트 왓슨 와트에게 이 일을 문의했지.

와트는 함께 일하던 동료 스킵 윌킨스에게 짐짓 한 가지 질문을 던졌어. 물 4리터가 있는데, 이 물을 섭씨 37도에서 41도로 데우려면 어떻게 해야 할까? 그런데 물에서 반 마일 이상 떨어져 있다면 전파로 그 물을 데울 수 있을까? 그리고 이때 얼마나 큰 힘이 있어야 할까?

물론 윌킨스는 성인의 몸에 들어 있는 혈액의 양이 4리터가량이라는 사실을 알고 있었어. 혈액의 온도가 37도에서 41도로 오르면 누구나 기절하고, 심하면 사망에 이를 수 있다는 사실도 알았지. 윌킨스는 와트가 전파로 무기를 만들 생각이라는 걸 곧바로 알아차렸어. 그래, **살인 광선!**

✦   심지어 100보 거리에서 양을 잡을 수 있는 사람에게 대상을 준다고도 했는데, 아무도 나서지 않았지.

하지만 두 사람은 이 아이디어가 별로 가망이 없다는 데 동의했어. 상공에서 폭격기를 조종하고 있는 파일럿이 쓰러질 정도로 강력한 광선을 쏘려면 너무 많은 에너지가 필요하거든.

그러나 윌킨스는 훨씬 더 나은 기술을 만들어낼 수 있다고 믿었고, 두 사람은 대안 프로젝트에 몰두했어. 날아가는 적군기를 향해 죽음의 광선을 쏘는 대신, 훨씬 약한 전파를 보내 적군기에 부딪혀 돌아오는 신호를 듣겠다는 아이디어였어. 두 사람의 생각이 맞다면 전파를 공중으로 쏜 다음 반사된 신호를 탐지해 접근 중인 항공기의 위치가 어디인지, 그 수는 얼마나 많은지, 속도는 얼마나 빠른지, 그리고 목표 지점이 어디인지 알아낼 수 있는 거야. 이 아이디어는 죽음의 광선보다 훨씬 괜찮은 아이디어였어. 이건 적군 폭격기의 접근을 조기에 발견할 수 있는 정보였어. 그리고 효과가 입증됐어. 두 사람이 개발한 기술에는 곧 '레이더'라는 이름이 생겼지.

기술을 발명하는 것만으로는 충분하지 않았어. 체계를 갖춰야 했지. 영국 공군성은 레이더 기지국을 세우고 '체인 홈'이라는 코드명을 붙였어. 그리고 1940년, 독일이 영국을 공습하자 이 기지국에서 적군기의 출현에 조기 경보를 제공하기 시작했지.

영국 방어기는 대기하고 있다가
정확한 순간에 정확한 곳에 재빨리
나타났어. 레이더의 도움 덕분에
얼마 안 되는 방어기로도 영국
공군은 수많은 공격기를 격퇴할
수 있었어.

독일 과학자들도 레이더 기술을
연구하기 시작했지만, 독일의 지도자
히틀러는 수비를 위해 정보를 수집하는 것보다 공격용
무기를 개발하는 데 훨씬 관심이 컸어.

레이더는 살인 광선이 아니야. 총알이나 폭탄과 달리 레이더는 누구도 직접적으로 해치지
않아. 그럼에도 레이더를 제2차 세계 대전에서 가장 중요한 기술이라고 생각하는 사람들이
많아! 위험이 다가올 때 레이더는 그 위험의 정확한 위치가 어디인지 파악할 수 있도록
도와주니까.

히틀러는 레이더 같은 기술이 얼마나 중요한지 이해하지 못하는 심각한 실수를 했어.
오늘날의 지도자들도 종종 비슷한 실수를 해. 양질의 정보를 얻는 일에 대해 중대하지 않다고
치부하고 관심을 기울이지 않는 거야. 정말 잘못된 판단이지.

100만 명의 생명을 구한 방법

2020년 3월, 코로나19 팬데믹이 세상을 변화시킬 것이라는 게 분명해졌어.

수십 년 전의 레이더 기술 선구자 스킵 윌킨스와 로버트 왓슨 와트와 마찬가지로, 두 사람의 의학 연구자가 코로나19에 맞서 싸울 절묘한 아이디어를 떠올렸어. 코로나바이러스에 대항할 초강력 무기, 즉 백신을 개발하는 데 많은 관심과 에너지가 투입되고 있는 상황이었어. 윌킨스와 와트처럼, 이 두 사람에게는 대안이 있었어. 또 윌킨스와 와트처럼, 이들의 계획은 더 나은 정보를 생산하는 데 있었어.

둘 중 한 사람은 마틴 랜드레이 교수야. 어느 날 런던의 커다란 빨간색 이층 버스를 타고 가던 중 랜드레이 교수는 끔찍한 질병이 빠르게 퍼지고 있는 상황에서 앞으로 생길 수 있는 문제에 관해 동료에게 말했어. 전 세계 사람들이 바이러스에 감염돼 병원을 찾을 테지. 그리고 전 세계 의사가 환자들을 돕기 위해 약을 줄 거야. 하지만 코로나바이러스 감염증은 새로운 질병이기 때문에 그 누구도 어떤 약이 도움이 되는지 확실히 몰라. 그래서 환자들은 증세가 호전되기도 하지만 악화되기도 하고, 어떤 약이 효과가 있었는지도 알 수 없어. 랜드레이 교수는 피터 호비 교수와 팀을 이뤄 이 문제를 해결하기 위해 나섰어.

두 사람의 아이디어는 놀라울 정도로 간단했어. 조직화를 하는 거야. 효과가 기대되는 약을 닥치는 대로 무작위 처방하는 대신, 의사들이 팀을 짜 효과가 기대되는 약을 컴퓨터 프로그램에 기반해 엄격한 무작위로 처방하는 거야. 심각한 코로나19 증상으로 환자가 병원을 내원하면 환자의 증상을 프로그램에 입력한 뒤 프로그램에서 제시하는, 효과가 기대되는 네 가지 약 중 한 가지 또는 **플라세보**라는 가짜 약을 처방하는 방식이었어.

이전

닥치는 대로 무작위 처방

수많은 의사와 수많은 환자가 효과가 있는지 없는지 불확실한 수많은 약물을 처방하고 복용했어. 하지만 두 교수의 시스템 아래에서는 컴퓨터가 무작위로 치료법을 배정하고 치료 결과를 꼼꼼히 추적했기 때문에 불확실한 의학적 추측이 어느 약이 효과가 있고 어느 약이 효과가 없는지 빠르게 발견할 수 있는 **과학적 실험**으로 바뀌었어. 그리고 더 많은 정보가 발견됨에 따라 쓸모없는 약물은 사용이 중단되고 새로운 치료법이 시도될 수 있었어.

이후
엄격한 무작위 처방

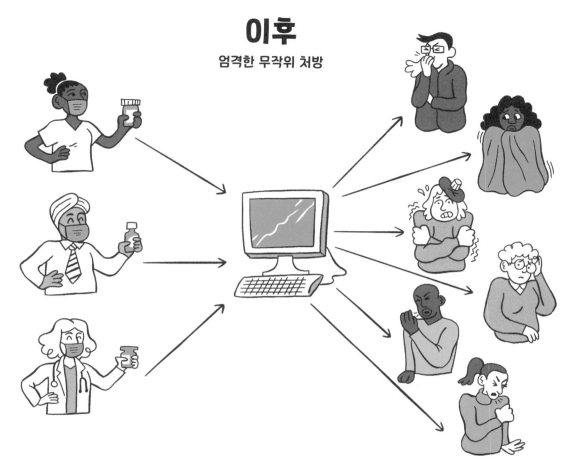

'조직화' 계획은 **리커버리**라고 불렸고, 영국의 병원들은 며칠 만에 **리커버리** 임상 시험에 돌입했어. 그리고 몇 주 후, 결과가 나왔어. 당시 많은 사람이 쓰던 약물이 한 가지 있었는데, 그 이유에는 당시 미국 대통령 도널드 트럼프가 그 약을 극찬했기 때문이라는 이유도 있었어. 그런데 이 약은 유감스럽게도 **리커버리** 임상 시험 결과 코로나바이러스 감염증 치료에 효과가 없는 것으로 드러났어.[+] 대신 다른 약이 믿을 수 없을 정도로 큰 효과가 있는 것으로 나타났어! 저렴한 알약이었고, 생산도 쉬웠고, 지구상 거의 모든 병원에서 무리 없이 사용될 수 있는 약이었어.

[+] 정말 안타깝지. 그렇지만 쓸모 있는 결과였어. 널리 보급되고 있는 의약품이 효과가 없다는 사실이 밝혀지면, 도움이 안 되는 의약품의 통용에 따른 비용과 부작용을 덜 수 있거든. 그리고 효과가 있는 의약품을 알아내는 데 한 걸음 더 가까워지지.

이후에 사람들은 이 새로운 치료법이 수백만 명의 목숨을 구했다고 추산했어.

리커버리 임상 시험은 계속 진행됐고, 조사와 새로운 치료법 발견이 이어졌지.
백신을 거의 구할 수 없었던 팬데믹 첫해에 이미 벌어지고 있던 일을 조직화해 더 나은
정보를 생산함으로써 렌드레이 교수와 호비 교수는 100만 명 이상의 생명을 구했어.[+]

좋은 데이터를 수집하는 일은 커다랗고 복잡한 프로젝트야. 그렇지만 미리 생각하고
계획을 세우면 훨씬 쉬워. 스마티스 초콜릿 한 통에 초콜릿이 색깔별로 몇 개씩 들어
있는가에 관한 정보를 수집한다고 해보자. 한 통을 사서 개수를 세어보면 돼. 하지만
이때 얻을 수 있는 정보는 많지 않아. 한 통보다 100통을 조사하는 게 낫지.[++]

그렇다면 어떻게 해야 스마티스 100통을 조사할 수 있을까? 학교 친구들에게 스마티스
한 통을 먹을 때마다 색깔별로 세어봐 달라고 부탁하는 방법이 있어. 그리고 온라인
스프레드시트를 생성해 친구들이 조사 결과를 입력할 수 있도록 하는 거야.
아니면 투명 튜브로 입체적인 스마티스 그래프를 제작해 학교에 비치하는 방법도 있어.
친구들이 각 색깔 모형을 해당 튜브에 넣도록 해 어느 튜브가 제일 많이 채워지는지
조사하는 거지. 요점은 친구들의 도움을 받을 때, 그리고 미리 계획을 세울 때 데이터를
수집하기가 쉽다는 거야.

[+] 한번은 마틴 랜드레이 교수에게 수백만 명의 목숨을 구한 기분이 어떤지 물어볼 기회가 있었어. 랜드레이
교수는 전혀 잘난 척하지 않았어. 오히려 중얼거리며 그렇게까지 많지는 않을 거라고 하지 뭐야.

[++] 낫다고 한 건 더 많은 사례를 수집하면 더 나은 데이터를 얻을 수 있기 때문이야. 물론 초콜릿이 많은 게
적은 것보다 더 좋기도 하고 말이지. 배탈 날 때까지 먹지만 않는다면야!

물론 정보를 입수한 다음에는 정보가 눈에 잘 들어오고 알기 쉽도록 표현해야 해.
플로렌스 나이팅게일이 아주 잘 이해하고 있었던 부분이지. 그리고 정부가 이런 일을
하지 않으면 때로는 놀라운 진실 탐정들이 나타나 책임을 떠맡기도 해. 곧 만나볼 거야.

미스터리한 데이터 웹사이트 사례

백신 과학자들이 백신을 개발 및 테스트하고 **리커버리** 임상 시험으로 의사들이
병원에 있는 사람들을 위한 최적의 치료법을 빠르게 찾아내는 사이, 전 세계 사람들은
정보에 굶주렸어. 새로운 감염 사례가 몇 건이나 되나? 내 주변의 감염 사례는 얼마나
되나? 얼마나 많은 사람이 병원에 있나? 그리고 코로나19 백신이 개발된 뒤에는
몇 명이나 백신을 맞았는지에 관한 정보를 알고 싶어 했어.

다른 모든 나라 사람과 마찬가지로 호주 사람들도 이 질문들을 했어. 그리고 다른
모든 나라 사람처럼 하나라도 더 많은 정보를 찾기 위해 인터넷을 뒤졌지. 하지만
안타깝게도 그렇게 해서 찾은 숫자들 때문에 더 혼란스럽기도 했어. 지역마다 다른
방식으로, 다른 시간에, 다른 웹사이트를 통해 정보를 보도하고 있었거든. 어떤 지역은
인쇄할 수 있는 문서 형식으로 자료를 공개하는가 하면, 어떤 지역은 트위터에 해당
수치를 게시했어. 그렇기 때문에 수치의 패턴을 분석하거나 여러 지역의 정보를
비교하기가 굉장히 까다로울 수밖에 없었어. 그러다 얼마 지나지 않아 호주 사람들은
자신들이 매일 코비드베이스(CovidBaseAu)에 들어가 정보를 확인하고 있다는 걸
깨달았어. 코비드베이스는 혼란스러운 숫자들을 한데 모은 웹사이트였어. 어떤 질문이든
코비드베이스에 들어가면 답을 얻을 수 있었어.

코비드베이스는 정확한 숫자들을 한곳에 모아 알기 쉽게 보여줬어. 점점 더
많은 사람이 정보를 얻기 위해 이 사이트를 이용하기 시작했어. 신문, 뉴스
웹사이트, TV 뉴스 프로그램들도 코비드베이스를 정보 출처로 언급했지.
하지만 이 숫자들 뒤에 놀라운 비밀이 감춰져 있을 것이라고 생각하는 사람은
아무도 없었어.

어느 날, 세 명의 10대 웨슬리(14세), 잭(15세) 다시(15세)가 백신을 접종한 직후
자신들의 사진을 트위터에 올렸어.

"저희는 코비드베이스를 운영하고 있는 잭, 웨슬리, 다시라고 합니다. 오늘 저희
세 사람은 모더나 백신 1차 접종을 했어요. 그리고 여러분께 저희가 누구인지
말씀드릴 때가 됐다는 생각이 들었어요. 드디어 저희도 데이터에 포함되게 됐어요.
정말 기뻐요!"

사실이었어. 백신 접종을 축하하며 웨슬리, 잭, 다시는 자신들이 호주의
코비드베이스 웹사이트를 만든 사람들이라고 세상에 공개했어!

놀랍고 멋진 이야기였어. 잭은 '그냥 재미로' 이 프로젝트를 시작했고, 다시(일곱
살 때부터 프로그래밍을 했고, 코딩을 담당했어)와 웨슬리(다재다능해서 소셜 미디어용
그래픽을 제작했어)가 합류했어. 에이스 진실 탐정 배트맨처럼 세 사람은 자신들의
진짜 정체를 비밀에 부쳤어. 누구도 코비드베이스를 성인 전문가가 아니라 10대
학생들이 만들었을 것이라고는 상상도 하지 못했어!

웨슬리, 잭, 다시는 익명으로 활동할 때도 이미 수많은 팬이 있었는데, 정체를
공개하고 나자 더욱 많은 팬이 생겼어. 한 의학 연구 기관은 세 사람에게
아르바이트 자리를 제안하기도 했어. 이들의 이야기는 많은 사람에게 영감을 줬어.
그리고 우리에게 몇 가지 교훈을 가르쳐줘.

첫째, 아직 학생이라도 도전하고 노력하면 놀랍고 멋진 일을 해낼 수 있어.

둘째, 어떤 웹사이트라도 무조건 신뢰해서는 안 돼. 물론 코비드베이스는 좋은 데이터를 제공했지만, 자칫 잘못하면 나쁜 데이터를 제공할 수도 있었어. 아무도 코비드베이스를 만든 사람이 누구인지 몰랐어. 웹사이트와 소셜 미디어에는 진실이 아닌 정보를 담고 있는 게시글이 정말 많아. 그리고 사람들은 그 거짓을 별생각 없이 공유하곤 해.

셋째, 우리는 숫자를 더욱 심각하게 받아들여야 해! 놀랍게도 신뢰할 수 있는 정보를 모으고 명확하게 제공하는 일을 호주 정부보다 세 명의 10대가 더 잘해냈어.

청소년 1 vs. 어른 0. 한 나라의 정부가 10대들보다 못했다는 건 조금 창피한 일 아닐까?

데이터 위기와 해결 방법

팬데믹 동안 좋은 정보를 수집하고 발행하는 데 어려움을 겪은 것은 호주 정부만이 아니었어. 많은 정부가 실망스러운 모습을 보여줬지. 미국의 경우 보건 당국이 코로나19 감염 사례에 관한 정보를 팩스로 공유할 정도로 데이터 시스템이 구식이었어.✝

✝ 팩스가 너무 오래된 기술이라 뭔지 모르는 사람도 있을 것 같네! 팩스는 전화선으로 연결된 복사 기술이라고 할 수 있어. 이 기술을 이용하면 어느 한 곳에서 스캔한 문서의 복사본이 다른 지점에서 나타나게 할 수 있어. 지구 반대편이라도 말이야. 탄생한 지 100년가량 된 팩스 기술은 1980년대와 1990년대에 대중적으로 널리 이용됐어. 하지만 21세기가 되면서 문서를 스캔하지 않고도 한 컴퓨터에서 다른 컴퓨터로 데이터를 직접 전송할 수 있는 훨씬 편리한 기술이 등장했지.

영국에서는 요양원에 있는 사람들이 코로나19로 인해 심각한 위험에 처할 가능성이 상당히 높았어. 하지만 영국 정부는 각 지역에서 실제로 얼마나 많은 사람이 사회적 돌봄 서비스를 이용하고 있는지 파악하지 못하고 있었어. 미국에서도 비슷한 문제가 있었어. 팬데믹 초기에는 미국 전역에 병원이 몇 개나 있는지 아는 사람이 없다는 사실이 드러났거든.

조금 이해가 안 가지. 얼마나 많은 사람이 치료받고 있는지, 얼마나 많은 병원이 있는지 알아내는 게 어려운 일도 아니잖아? 글쎄, 어려운 일인지 쉬운 일인지 잘 모르겠어. 아무도 안 했으니까. 유용한 숫자들은 행과 열로 구성된 질서정연한 모습으로 어느 날 하늘에서 뚝 떨어지는 게 아니야. 누군가 그 일을 해야 해. 데이터를 수집하고(나이팅게일이 한 일을 떠올려봐) 유용한 형태로 가공해야 해(잭, 웨슬리, 다시가 한 일을 떠올려봐). 그러지 않으면 무슨 일이 벌어지고 있는지 알 수 없어.

불행하게도 사람들은 좋은 정보의 중요성에 거의 관심을 기울이지 않아. 그러다 잭, 웨슬리, 다시처럼 놀라운 사람들이 아주 멋진 일을 해냈을 때, 또는 어떤 일이 크게 잘못됐을 때야 겨우 알아차리지.✦

✦ '크게 잘못됐을 때'라는 건 어떤 경우일까? 흠, 영국 보건 당국이 거의 1만6,000명에 이르는 코로나19 감염자 정보를 잃어버린 사례 같은 것? 이들은 감염 사실 및 자택 격리 명령 통보 대상자였어. 하지만 이 사람들은 통보를 받지 못했어. 컴퓨터 프로그램이 데이터 저장 공간이 부족해지자 자동으로 이들의 사례를 삭제(조용히, 아무런 경고 없이)해 버렸거든! 단순히 컴퓨터 코딩이 잘못된 사례였어. 잭, 웨슬리, 다시라면 이런 실수를 하지 않았을 거라고 봐.

코로나19 위기를 겪으며 데이터 수집과 관련된 많은 문제가 드러났어.

그렇지만 우리는 교훈도 얻었어. 예를 들어 각국 정부에서는 사람의 **배설물 분석**을 통해

코로나19를 비롯한 각종 질병의 출현 및 확산 양상을 추적할 수 있다는 사실을 알게 됐어.

코로나19에 감염된 사람의 배설물에는 코로나바이러스가 섞여 있고, 바로 사라지지 않고

한동안 남아 있어. 그래서 과학자들은 특정 지역의 모든 배설물이 처리되는 하수 처리장을

찾아 한데 섞인 배설물의 샘플을 채취해 코로나19를 일으키는 코로나바이러스가 있는지,

있다면 얼마나 되는지를 조사할 수 있는 거야. 이렇게 하면 새로운 코로나바이러스의

출현을 조기에 경보할 수 있어. 똥 싸는 소 굴로스에 이어 똥 데이터의 두 번째 승리로군!

잭 먼로의 캠페인은 데이터 수집에서 발생할 수 있는 문제의 또 다른 예를 보여줘.

가난한 가정이 겪고 있는 인플레이션 현실을 더 잘 드러내기 위해 진행된

캠페인이었지(2장에 나온 내용이야). 수년 동안 인플레이션 수치가 매우 낮았기 때문에

아무도 빈곤 가정이 겪고 있는 현실은 다를 것이라고 크게 우려하지 않았어.

그러나 잭이 이 문제에 대해 소리를 높이기 시작했지.

우리에게 필요한 데이터가 없는 상황을 큰 소리로 항의하는 것은 우리가 할 수 있는 한 가지

일이야. 그런데 우리가 할 수 있는 일은 또 있어.

직접 데이터를 구축하는 것

잭 먼로는 바임스 부츠 지수를 만들었어. 그리고 잭, 웨슬리, 다시는 무용지물이던 공식

수치들을 조직화해 누구나 이용할 수 있는 웹사이트를 만들었지.

직접 데이터를 얻는 방법은?

자, 학교 급식이 만족스럽지 않은 상황이라고 해보자. 왜냐하면 선택지가 충분하지 않거든.

채식을 하는 사람은 먹을 만한 게 별로 없고, 덩어리진 커스터드 같은 게 나와.

이 문제를 해결하려면 어떻게 해야 할까?

증거 수집 일주일 이상 시간을 들여 어떤 선택지가 있는지 살펴봐.
그리고 충분히 파악되면 알맞은 범주로 나눠 정리해 봐. 예: 뜨거운 음식/차가운 음식,
고기류/채소류, 덩어리진 커스터드/커스터스 없음.

분석 채식을 선택할 수 없는 날도 있어? 일주일 중 급식이 특별히 좋거나 안 좋은 요일이
있을까? 데이터의 패턴을 읽을 수 있으면 특정 문제를 발견하거나 해결책을 발견할
가능성이 커져.

비교 혹시 다른 학교에 다니는 친구나 형제자매가 있어? 그 학교는 급식이 좀 달라
보여? 선택지가 더 많은 것 같아? 모든 학교의 급식이 똑같이 나쁘다면 전국적인 캠페인을
시작해야 할 거야. 하지만 너희 학교가 다른 학교보다 나쁜 급식을 제공하고 있다는 게
증명되면, 교장 선생님이 빨리 조치를 취하도록 행동에
나서는 게 좋아.

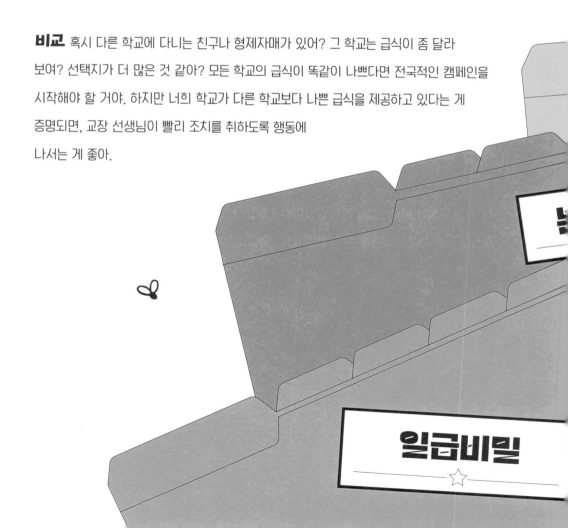

✦ 스킵 윌킨스의 통찰을 기억해. 좋은 정보는 우리가 가질 수 있는 최고의 무기야.

✦ 가끔은 정부가 정보를 모으는 데 너무 서툴러서 10대들이 더 나을 때도 있어. 네가 10대라면, 혹은 곧 10대가 된다면 이건 좋은 기회야.

✦ 아무도 좋은 데이터를 수집하지 못했을 때 네가 직접 데이터를 수집한다면 사람들에게 큰 인상을 줄 수 있어. 수집할 수 있는 것을 수집하고, 분석하고, 적절히 비교한다면 나이팅게일처럼 혁명적인 변화를 일으킬 수 있을지도 몰라.

✦ 만일 100만 명의 목숨을 구하는 일을 해내더라도 잘난 척은 하지 않도록!

자기 입장에서만 생각하는 것

수년 전, 두 명의 과학자 앨버트 하스토프와 해들리 캔트릴이 어느 두 대학팀 간의 미식축구 경기 영상을 학생들에게 보여줬어. 이 학생들은 양 팀 대학 학생들이었어. 학생들은 자기 대학팀은 맹렬히 옹호하고 상대 대학팀에게는 맹렬히 이의를 제기했어. 이 경기는 특히 거칠고 사나운 경기였어. 반칙이 난무했지. 한쪽 팀 주장은 코가 부러졌고, 다른 팀 주장은 팔이 부러졌어! 미식축구 경기에서 일어나서는 안 되는 일이었고말고. 그렇다 보니 사람들은 이 모든 사태의 책임이 누구에게 있는지에 관해 논쟁을 시작했어. 그런데 이 경기를 본 학생들은 어느 쪽 학생인지에 따라 아주 다른 반응을 보였어.

두 과학자는 학생들에게 영상을 어떻게 봤는지 몇 가지 질문을 했어. 한쪽 대학 학생들은 반 이상이 이 경기가 거칠긴 했지만 공정했다고 평가했어. 그런데 다른 쪽 대학 학생들은 공정한 경기였다고 평가하는 사람이 거의 없었어. 어느 팀이 먼저 경기를 거칠게 시작했는지에 대해서도 의견 충돌이 나타났어. 학생들은 상대 팀의 반칙은 낱낱이 찾아냈지만 자기 팀의 반칙은 그만큼 눈에 들어오지 않는 것 같았지.

서로 응원하는 팀이 다른 친구와 함께 스포츠 경기를 관람한 적이 있다면 어떤 양상을 일컫는 건지 잘 알 거야.

이런 모습은 스포츠 팬들에게서만 나타나는 게 아니야. 미식축구 경기 연구에 자극을 받아 이후 사람들에게 정치적 시위 영상을 보여준 다른 연구원들이 있었어.

이 영상에는 이 시위가 왜 벌어졌는지 암시하는 내용이 전혀 포함돼 있지 않았어.

그런 다음 연구원들은 이런 질문을 했어. 시위자들은 차분하고 평화로웠나? 아니면 무례하고

위협적이며, 때론 폭력적이기도 했나?

그런데 연구원들은 영상을 틀기 전에 한 가지 거짓말을 했어. 일부 사람들에게는

그 사람들도 강력하게 옹호하는 어떤 주장을 펼치는 시위라고 하고, 다른 사람들에게는

그 사람들이 강력하게 반대하는 어떤 주장을 펼치는 시위라고 했지.

짐작이 가겠지만, 이 사람들이 보는 건 서로 무척 달랐어. 이 시위를 지지하는 사람들은 평화로운 시위라고 대답했어. 한편 반대하는 사람들은 시위자들이 소리를 지르며 시민들을 위협하고 괴롭혔다고 대답했어. 미식축구 경기 사례와 마찬가지로 사람들은 어느 쪽을 지지하느냐에 따라 완전히 다른 걸 봤어. 브레인 가드가 정말 바빴을 거야. 안 그래도 여러 아이디어를 들어오게 하거나 못 들어오게 막느라 바쁜데 사람들이 보고 인식하는 방식에까지 관여하고 있으니까.

무척 안타까워. 우리와 의견이 다른 사람들과 마주 앉아 사려 깊은 대화를 나눈다는 건 정말 멋진 일이야. 하지만 내 머릿속에서도 상대방 머릿속에서도 게으르고 감정적인 브레인 가드가 언제나 검열을 하고 있기 때문에 그렇게 하기 어려울 때가 많아. 분명 같은 영상을 시청했는데 실제로 본 것은 다른 상황에서, 혼란에 빠지거나 화를 내지 않고 의견 차이에 대해 말한다는 게 어디 쉬운 일이겠어?

다행히 이 문제에 대한 해결책이 있어. 과연 그게 뭘까 호기심이 생겨? 그러길 바라. 왜냐하면 그 해결책이 바로… **호기심**이거든.

과학자들의 연구에 따르면 호기심이 풍부한 사람은 자신의 입장을 옹호하기 위해 논쟁에 뛰어들 가능성이 적다고 해. 왜 그런지는 나도 잘 모르겠어. (어쨌든 왜 그런지 호기심이 생기네.) 호기심이 많은 사람은 자신의 의견과 다른 의견을 맞닥뜨리면 위협으로 받아들이기보다 흥미롭게 느끼기 때문에 그런 것 같아.

논쟁이 벌어지는 양상은 보통 다음과 같아.

이번 경기 진짜 최악이다.
반칙에, 부정행위에.

네가 왜 불만인지 모르겠네.
계속 반칙한 거 너희 팀이잖아!

무슨 소리야, 대체 뭘 본 건데? 너 바보야?
아무나 붙잡고 물어봐. 너희 팀이 반칙했다고 하지!

이런 식이지. 즐거운 대화도 아니고 도움도 안 돼. 일단 이런 논쟁이 시작되면 어느 쪽도
자신의 주장을 꺾지 않아. 하지만 호기심이 많은 사람과 하는 논쟁은 상당히 달라.

이번 경기 진짜 최악이다. 반칙에,
부정행위에.

확실히 좋은 경기는 아니었지. 왜
그렇게 반칙이 많이 나왔을까?

초반에 너희 팀 주장 플레이가
너무 과격했던 것 같아, 레드카드감이었는데.
그다음부터 분위기가 과열되기 시작했지.

그랬어? 흥미로운걸. 나는 그렇게 안 느꼈거든.
우리 재방송 같이 보면 어때? 네가 어느 부분에서 그렇게
생각했는지 궁금해.

상당히 다르지 않아? 물론 이런 대화를 하더라도 입장 차이가 해소되지 않을 수도 있어. 하지만 뒤의 두 사람은 서로의 의견에 항변만 하다 대화가 끝난 게 아니라 뭔가를 배웠어. 둘 중 한 사람의 생각이 실제로 바뀔 수도 있지만, 그렇지 않다 해도 이 두 사람은 훨씬 다정하고 재미있는 대화를 나눴어. 이게 바로 호기심의 더블 파워야. 호기심은 우리의 생각을 변화시키는 데도 도움이 되지만, 다른 사람의 생각을 변화시키는 데도 도움이 돼.

셜록 홈스에서부터 미스 마플, 오톨린 브라운에 이르기까지 훌륭한 탐정들은 늘 호기심이 왕성해. 호기심을 갖고 있는 사람은 자신이 모르는 게 있다는 걸 알아. 지식의 공백을 감지하는 거지. 그래서 눈을 크게 뜨고, 단서를 찾고, 언제나 질문을 할 수밖에 없어. 셜록 홈스는 거의 실수를 하지 않는데 한 가지 예외적인 사건이 있었어. 단편 〈증권거래소 직원〉에서 셜록은 뜻밖의 상황에 처하고, 그 결과 누군가가 죽을 뻔하거든. 셜록이 왜 이런 실수를 했을까? 셜록이 호기심을 품는 걸 멈췄기 때문이야. 그 사건에 대해 자신이 이미 모든 걸 안다고 생각했거든. 셜록은 질문하기를 멈췄어. 희한한 일이었지! 셜록이 딱 한 번 했던 실수야.

진실 탐정

스티븐 콜베어는 전혀 진실 탐정처럼 보이지 않는 진실 탐정이야. 콜베어는
미국의 코미디언으로, 바보 같고 괴상하며 정치적 입장이 극단적으로 치우쳐 있는
사람으로 방송에 나와.[*]

하지만 콜베어는 진실 탐정이 되기 위해 직면해야 하는 어려움을 잘 알아.

스티븐 콜베어

콜베어는 **진실감**(truthiness, 트루시니스)
이라는 단어를 발명했어. 단서나 증거가
없지만 진실이라고 믿고 싶기 때문에 뭔가를
진실이라고 확신하거나 다른 사람들에게
진실이라고 주장하는 상황을 뜻하는 단어야.

진실 탐정은 언제나 진실을 추구하지만,
우리의 브레인 가드는 진실감을 '너무너무'
좋아하지.

---

[*] 이건 정말로 만들어진 모습이야. 예전에 콜베어 씨가 진행하는 TV 쇼에 게스트로 출연한 적이 있었어.
무대 뒤에서 보니 무척 친절한 사람이었어. 이런 말도 했어. "지금부터 연기를 시작할 거예요. 제 캐릭터는
멍청이예요. 아는 것도 없고, 하포드 씨 책도 당연히 읽지 않았죠." 곧 연기에 돌입한 콜베어 씨가 내 분장실
문에 대고 소리쳤어. "하포드, 갈기갈기 찢어버릴 거야!"

그런데 단순히 진실과 진실감의 차이를 이해하고 있어서 콜베어가 진실 탐정이라는 건 아니야. 콜베어는 정치를 풍자하고 호기심을 자극하는 데 탁월하기 때문에 진실 탐정이야. 한 가지 예를 들어볼게. 미국의 정치인들은 막대한 선거 운동 자금을 지원받아. 이 말인즉슨 정치인들이 일반 유권자들보다 선거 자금을 기부하는 사람들에게 더 많은 관심을 기울일 수도 있다는 거야. 음… 잘못됐지. 그런데 잘못됐다는 건 알지만 정확히 어떻게 잘못된 것인지는 이해하기가 어려워. 대부분의 사람은 어떻게 그 자금이 마련되는지, 관련 법률이 무엇인지 잘 몰라.

콜베어가 이 문제를 놀라운 방식으로 설명했어. 콜베어는 대통령 선거에 출마할 거라고 발표했어. (당연히 멍청이 캐릭터로 출마하는 거지.) 그리고 전문가들에게 자신이 진행하는 코미디 쇼에 나와 자기가 마음껏 쓸 수 있는 선거 자금을 비밀스럽게 모으는 방법을 가르쳐달라고 했어. 콜베어는 몇 달 동안 진짜 같은 대통령 선거 운동 실험을 했고, 시청자들은 콜베어가 선거 자금으로 얼마나 터무니없는 일까지 할 수 있는지 보고 또 보며 미국 선거 자금 문제에 대해 더 잘 이해하게 됐지.

이후 당시 콜베어가 진행한 쇼 〈콜베어 리포트〉를 시청한 사람들이 깊이 있는 신문과 잡지를 읽은 독자들보다 정치 자금에 대해 더 많이 배웠다는 걸 보여주는 연구 결과가 나오기도 했어. 콜베어의 풍자는 사람들이 중요한 문제에 호기심을 가지게 했고, 사람들은 호기심을 가졌기 때문에 더 많은 것을 배울 수 있었던 거야.

우주의 비밀(혹은 수세식 변기의 비밀. 뭐라고 부르든 상관없음)

어떻게 하면 사람들의 호기심을 자극할 수 있을까? 스티븐 콜베어는 재미있어. 재미는 굉장한 도움이 돼. 도움이 되는 요소는 또 있어, 바로 사람들에게 질문을 하는 거야.

지금부터 내가 몇 가지 질문을 해볼게.

수세식 변기의 작동 원리를 알아? 아니면 지퍼는? 석궁은?

이 사물들에 대한 자신의 지식을 1점부터 7점까지의 척도로 평가한다면, 몇 점을 주고 싶어? 이 질문을 해보면 자신이 꽤 잘 알고 있다고 여기는 사람들이 많아. 그렇지만 종이와 펜을 주고 설명을 곁들인 그림을 그려달라고 하면 당황하기 시작하지. 넌 수세식 변기를 그림으로 그리고 정확한 작동 원리를 설명해 달라는 질문을 받으면 얼마나 잘해낼 수 있을 것 같아?

지금 잠깐 시간을 내서 한번 해봐.

자, 여기에 수세식 변기의 작동 원리에 관한 두 가지 설명이 있어. 첫 번째 설명은 7점 중 1점이나 2점쯤 될 것 같아. 이 설명을 한 사람은 어쨌든 수세식 변기의 모양과 사용법은 알고 있어.

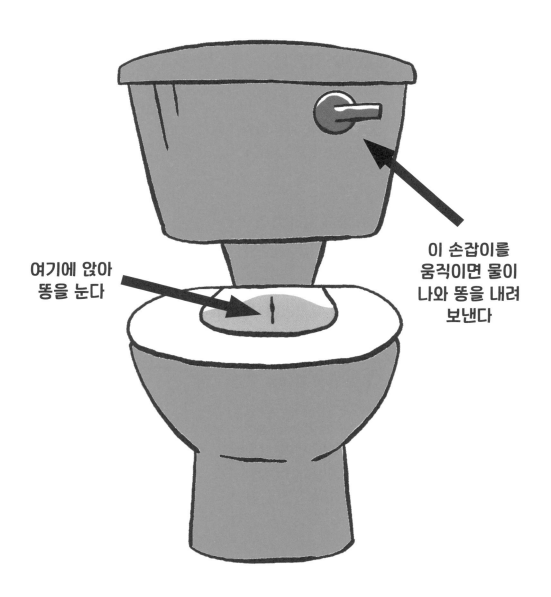

여기에 앉아
똥을 눈다

이 손잡이를
움직이면 물이
나와 똥을 내려
보낸다

다음에 나오는 두 번째 설명은 7점 만점에 7점짜리야. 수세식 변기의 구조와 과학적 작동
원리의 중요한 세부 사항이 모두 포함돼 있어. 네 설명은 어느 쪽에 더 가까워?

네 설명은 3점쯤 될 것 같아? 아니면 6점?

1 물을 내리는 손잡이야. 이 손잡이를 누르면 연결된 마개가 움직여.

2 이게 마개야. 마개가 움직이면 물탱크의 물이 변기 가장자리로 흘러 내려가.

3 변기 가장자리야. 물이 흘러 들어오며 변기를 씻어내.

4 S자를 눕힌 모양으로 구부러진 배수관이야. 늘 일정량의 물이 차 있어서 하수구에서 악취가 올라오는 걸 막아줘. 물탱크에서 변기로 물이 쏟아져 오면 물의 높이가 배수관의 굽은 곳까지 올라가. 이때 변기의 물을 누르는 대기압이 배수관 내부의 압력보다 높기 때문에 사이펀 효과가 발생하면서 변기의 물 대부분이 배수관을 따라 들어가.

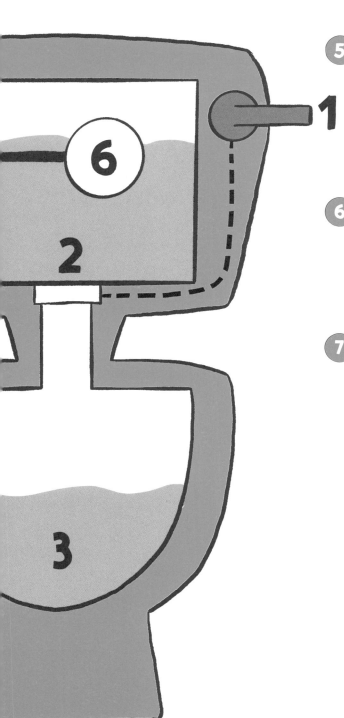

5 이렇게 해서 더러운 물은 배수관으로 빨려 나가고, 물탱크에서 마지막으로 내려온 깨끗한 물이 다시 배수관에 고여.

6 이건 플라스틱 플로트야. 물탱크의 물이 비면 플로트가 따라 내려가면서 레버가 기울어져.

7 볼 밸브야. 레버가 기울어지면 볼 밸브가 열리면서 급수관으로부터 물이 밀려 들어와 물탱크를 채워. 이번에는 플로트가 따라 올라가면서 급수를 차단해. 변기가 다시 언제든 쏠 수 있는 상태로 원상 복귀되지.

사람들은 종종 모르는 걸 안다고 주장하며 자신의 견해를 고집하기도 해. 바로잡기 쉬울 때도 있어. 어느 축구 선수가 가장 많은 골을 넣었는가를 두고 말다툼이 벌어졌다면, 인터넷에서 어렵지 않게 검색해 보고 진실을 찾을 수 있어.

그러나 사람들이 자신이 틀렸다는 걸 인정하지 않을 때도 있어. 자신이 틀릴 수도 있다는 것조차 인정하지 않지. 바로 이런 순간에 지퍼와 석궁, 수세식 변기가 약간의 마법을 부릴 수 있어. 종이와 연필을 주며 설명해 보라고 하면 사람들은 자신이 이 사물에 대해 생각했던 것만큼 그렇게 잘 알지 못한다는 걸 깨달을 수밖에 없어. 그리고 대개 그 사실을 시인하지.

마법이라고 부르는 까닭은 이러지 않고는 사람들이 "내가 생각해도 내가 지금 잘 모르면서 말하고 있는 것 같아"라고 간단히 인정하는 경우가 잘 없기 때문이야. 사람들은 보통 굉장히 확신에 차 있어, **특히** 다른 사람과 논쟁하고 있는 상황이라면 말할 것도 없어. 하지만 우리가 왈가왈부하는 대신 "그 얘기 조금 더 자세히 해줘"라고 하면 사람들은 그때까지 생각했던 것만큼 실제로는 이해하지 못하고 있다는 걸 깨달을 수 있어.

비단 지퍼와 수세식 변기에 한정된 이야기가 아니야. 복잡한 정치적 이념도 마찬가지지. 사람들은 특정 정책을 지지하거나 반대하기 때문에 큰 소리를 내고 고함을 질러. 하지만 그 이념을 설명해 보라고 하면 (좋은지 나쁜지를 떠나 단순히 그게 '뭔지') 사람들은 어려워하기 시작해. 그리고 어렵다는 걸 깨닫고 나면 그렇게 완강하게 고집만 부리면 안 되겠다고도 인정하지. 생각했던 것만큼 자신이 잘 알지 못한다는 걸 알아차리기 시작할 거야.

물론 전혀 어려움 없이 술술 말하는 사람도 있을 거야, 실제로 **많이** 알고 있을 수 있지. 이런 경우도 괜찮아. 질문을 하고 봤더니 **많이** 아는 사람이라면 편하게 앉아 즐겁게 들어. 너도 **많이** 배울 수 있을 테니까!

사람들에게 생각을 물어보면 대체로 보다 마음을 열고, 스스로에 대한 과신을 내려놓곤 해. 둘 다로 이어지지 않더라도 그런 질문은 정중하고 다정한 질문이잖아? 상대방의 생각에 '관심'이 있다는 표시야. 사람들에게 다정한 질문을 건네고, 대답에 귀를 기울인다면 말다툼이 벌어질 가능성이 적어지고 좋은 대화의 시간을 갖게 될 가능성이 커지지.

자기 자신에게 질문을 던지는 것도 중요해. 내가 지금 이 말을 정말 이해한 상태에서 하는 건가? 어디에 지식의 공백이 있지? 다른 사람의 답을 들어보고 싶은 질문은 뭐지? 이런 호기심을 갖는 건 상당히 중요한 일이야.

진실 탐정이 되는 법

이제 진실 탐정이 되려면 어떻게 해야 하는지 꽤 많이 알게 됐을 거야. 진실 탐정에게 필요한 장비도 살펴보고 우리가 올바른 단서를 찾아내는 걸 브레인 가드가 어떤 식으로 방해하는지도 살펴봤어. 진실 탐정이라면 영리하고 재치가 있어야 한다는 것도 배웠어. 통계가 돋보기처럼 중요한 렌즈 역할을 한다는 것, 렌즈를 어디로 비추는지가 중요하다는 것도 배웠어.

또 때로는 통계의 렌즈로 밝혀낸 단서뿐 아니라 우리의 개인적 경험에도 주의를 기울여야 한다는 사실을 알게 됐지. 나쁜 통계에 대한 비난을 통해 결과적으로 좋은 통계에 대해서까지 불신을 조장하려 드는 사람들이 있다는 것도 살펴봤어.

우리는 중요한 기술을 습득했어. 라벨을 관찰할 것, 빠진 부분에 대해 질문할 것, 그리고 올바로 비교할 것. 또 스스로 데이터를 수집하고 그래프를 활용해 자신의 주장을 입증하는 방법을 배웠지.

하지만 무엇보다도 중요한 건 마지막에 나온 내용이야. 훌륭한 진실 탐정이 되고 싶다면 호기심을 가져야 해. 다른 사람과 내 의견이 다르면 곧장 그 사람들을 설득하기 위해 나서기보다 마음을 열고 몇 가지 질문을 나눠봐. 상대방이 뭔가를 배울 수도 있어. 그리고 더 뜻깊은 건 **내가** 뭔가를 배울 수도 있다는 거지. 우리는 이미 안다고 느끼는 것에 초점을 맞추기 쉬워. 하지만 **모르는 것**을 탐구하는 건 엄청 신나는 일이야.

세상은 놀라운 곳이야. 알쏭달쏭한 일로 가득하지. 진실 탐정으로서 온갖 미스터리를 파헤쳐보자. 진실 탐정이 되면 좋은 점은 진실을 알아낼 수 있다는 것만이 아니야. 진실을 쫓는 내내 절대 지루할 틈도 없을걸?

용어 설명

확증 편향 어떤 견해를 갖고 있을 때 그 견해가 옳다고 뒷받침하는 정보는 받아들이고, 뒷받침하지 않는 정보는 무시하는 경향.

상관관계 두 대상이 서로 밀접한 관련성을 띠고 있는 관계. 예를 들어 큰 차가 있는 가족은 아이들이 많기도 해. 상관관계는 중요한 단서가 되기도 하지만, 레드 헤링일 때도 있어. 실제로 상관관계가 있다고 생각한다면 그 이유를 찾아야 해. 차가 크면 아이들의 수가 많아지는 것 같아? 아니면 아이들이 많은 가족이 더 큰 차를 사는 것 같아?

데이터 정보의 집합, 보통 숫자들의 집합. 영어 단어 data(데이터)는 사실 datum의 복수형인 명사야. 실제로는 'information(정보)'처럼 단수로 취급되기도 하고 'numbers(숫자들)'처럼 복수로 취급되기도 해. '이 데이터에 누가 레드 핸드 갱단을 이끌고 있는지 나와 있어'라고 영어로 말하려면 'the data is telling us who secretly runs the Red Hand Gang'이라고 해야 할까, 아니면 'the data are telling us who secretly runs the Red Hand Gang'이라고 해야 할까? 둘 다 돼. ('data is'라고 했다가 'date are'라고 했다가 이랬다저랬다 해도 돼. 듣는 사람들이 좀 혼란스럽겠지, 뭐.)

가짜 뉴스 진짜 기사처럼 보이지만 대중을 속이고 인터넷 조회수를 높이기 위해 꾸며낸 것에 불과한 이야기들. 진짜 기사라고 해서 늘 옳은 것은 아니지만, 기자들은 몇 가지 기준에 따라 사실을 확인한 뒤 기사를 써. 가짜 뉴스 사이트들은 이런 기준

같은 것을 전혀 신경 쓰지 않아. 잘 구별해야 해! 하지만 가짜 뉴스를 조심하는 것만으로는 부족해. 진짜 뉴스를 가짜 뉴스라고 우기는 진실 빌런도 조심해야 해. 대럴 허프가 남긴 교훈을 잊지 마. 사람들이 진실을 의심하게 하는 것은 거짓을 믿게 만드는 것만큼 파장이 큰 일이야.

영국 통계청 영국의 데이터를 수집하고 분석하는 영국 정부 기관. 한편 미국은 수많은 정부 기관이 다양한 통계 자료를 만들어. 그중에서 가장 규모가 큰 기관은 미국 통계국(10년마다 미국 전체 인구를 조사하고, 각종 통계 업무를 관장해)과 미국 노동 통계국(BLS)이야. 미국 노동 통계국은 미국의 인플레이션 수치를 발표해.

플라세보 아무런 약효가 없는 물질로 만든 위약. 사람들은 약을 투여했다고 느끼는 것만으로 병세가 나아지기도 해. 그래서 임상 시험을 할 때 신약이 효과가 있는지 알아내기 위해 약을 투여하지 않은 사람들 대신 플라세보를 투여한 사람들과 신약을 투여한 사람들을 비교하는 방법이 쓰여.

통계 우리를 둘러싼 세계를 측정하거나 계산하기 위해 모은 숫자들. 그리고 이 숫자들을 체계화하고 연구하는 학문이 통계학이야.

통계학자 통계를 수집하고 분석하는 사람들. 진실 탐정은 새로운 데이터를 직접 수집하기도 하지만, 주로 전문 통계학자들이 모든 사람을 위해 만든 통계 자료를 활용해.

진실감 실제로 진실이라는 마땅한 증거가 없음에도 진실이라고 느끼고 진실이기를 바라는 것. 미국의 코미디언 스티븐 콜베어가 발명한 단어야.

감사의 말

진실 탐정이 되는 데는 정말 많은 사람의 도움이 필요하답니다!

제가 작가, 저널리스트, 그리고 전문적인 너드로서 성장하고 배울 수 있도록 도와준 모든 분께 감사의 말씀을 전합니다. 제게 영감을 주는 수많은 학자, 작가, 활동가들에게도요.

루스 알렉산더, 안자나 야후자, 모히트 바카야, 줄리아 바턴, 아나뇨 바타차리아,
에스더 빈틀리프, 마이클 블라스트랜드, 데이비드 보더니스, 이네스 보엔, 알베르토 카이로,
앤디 코트그리브, 케이트 크로포드, 캐럴라인 크리아도 페레스, 케네스 쿠키어, 라이언 딜리,
앤드루 딜노트, 앤 엠버튼, 리처드 펜턴 스미스, 바루크 피시호프, 월터 프리드먼,
앨리스 피쉬번, 해나 프라이, 카이저 펑, 댄 가드너, 코트니 과리노, 앤드루 겔만,
브루노 주사니, 벤 골드에이커, 레베카 골딩, 데이비드 핸드, 댄 카한, 대니얼 카너먼,
폴 클렘퍼러, 리처드 나이트, 케이트 램블, 빌 리, 데니즈 리브슬리, 미아 로벨,
아일린 마그넬로, 빅토어 마이어 쇤버거, 샬럿 맥도널드, 린 맥도널드, 리지 맥닐,
데이비드 맥레이니, 바바라 멜러스, 에롤 모리스, 윌 모이, 니컬라 메이릭, 잭 먼로,
제이크 모리세이, 테리 머레이, 실비아 나사르, 캐시 오닐, 오노라 오닐, 닐 오설리반,
조 판야멘타, 매티 프링꾸 라이트, 로버트 프록터, 니티아 래, 제이슨 라이플러,
알렉스 라인하르트, 안나 로슬링 뢴룬드, 맥스 로저, 한스 로슬링, 알렉 러셀,
벤자민 샤이베헤네, 히탄 샤, 저넬 셰인, 재키 쇼스트, 휴 스몰, 루시 스미스,
데이비드 스피겔할터, 매슈 사이드, 필립 테틀록, 에드워드 터프티, 리처드 배돈,

맷 벨라, 제이컵 와이스버그, 팀 와이팅, 패트릭 울프, 데이비드 우튼, 앤드루 라이트,
프랭크 윈, 에드 영, 제이슨 츠바이크, 그리고 죄송하게도 언급하지 못한 많은 분께 진심으로
감사드립니다.

특히 렌 앤드 록 출판사 편집팀의 칼턴 유수프, 로라 호슬리, 피피 그랜덤 라이트,
빅토리아 윌시를 비롯해 제 아이디어를 포착해 멋진 삽화로 표현해 준 올리 만에게 고마움을
전합니다. 그리고 언제나와 마찬가지로 제 출판 에이전트 샐리 홀러웨이에게도
깊은 감사의 뜻을 전해요.

저의 세 자녀 스텔라, 아프리카, 허비에게도 고마움의 인사를 하고 싶군요.
아이들 덕분에 이 책에 실을 수 있었던 아이디어가 무척 많거든요.
끝으로 저의 아내 프랜 몽크스에게 이루 말할 수 없이 커다란 감사의 마음을 보냅니다.
그 마음을 표현하려면 책 한 권은 거뜬히 쓸 수 있을 거예요.